Alte und neue Mystik

MIEKE MOSMULLER

ALTE UND NEUE MYSTIK

OCCIDENT VERLAG

Band MM 55

ISBN 978-3-946699-11-8

Internet: www.occidentverlag.de
E-Mail: info@occidentverlag.de
Grafische Gestaltung: Carina van den Bergh
Umschlagabbildung: www.rawpixel.com, Carina van den Bergh

INHALT

ERSTE STUNDE 9

Zürich, 6. April 2019

ZWEITE STUNDE 25

Zürich, 6. April 2019

DRITTE STUNDE 43

Zürich, 6. April 2019

VIERTE STUNDE 59

Zürich, 6. April 2019

ANHANG 71

ERSTE STUNDE

Zürich, 6. April 2019

Die Mystik hat schon eine gewisse anziehende Kraft, weil man fühlt, dass etwas wirksam werden könnte, was geradezu mit dem Herzen zu tun hat. Ich denke, dass jeder Mensch in sich selbst weiß, dass im Herzen eine Fähigkeit des Menschen wohnt, die sehr wichtig ist und wo man sich auch ganz zu Hause fühlt. Wenn man die Anthroposophie kennenlernt, muss man in Bezug auf die Mystik wohl einer gewissen Positionierung nachstreben. Es ist deutlich, dass Rudolf Steiner selbst in verschiedener Art darüber spricht. Manchmal hat man das Gefühl, dass er ablehnend darüber spricht. Andererseits kann es auch sehr positiv sein und es gibt sogar ein Buch mit dem Titel: *Die Mystik im Aufgang des neuzeitlichen Geisteslebens und ihr Verhältnis zur modernen Weltanschauung.* Ich erinnere mich, dass ich das Buch schon bald nach meiner Begegnung mit der Anthroposophie in meine Hände bekommen habe und die Einführung, die in diesem Buch steht, hat mir damals den Eindruck gegeben, dass in dieser Einführung das Allerwichtigste steht, was man mit Bezug auf dem Einweihungsweg nur finden kann. Trotzdem wird es nicht ganz deutlich, aber man bekommt den Eindruck, dasjenige, was ich hier lese, will ich weiter verfolgen. Ich muss weiter machen, um herauszufinden, was hier eigentlich gemeint wird, damit ich irgendwann einmal dazu kommen kann, dass das, was hier in diesem Buch steht, auch verstanden werden kann dadurch, dass man es verwirklichen kann. Die Worte sind schon verständlich genug, aber die Worte genügen nicht. Man muss doch auch etwas ganz Tätiges daraus machen. Das gibt dann das Gefühl, dass es sehr spannend ist, was in dieser Einführung steht. Es werden die verschiedenen Mystiker aus dem späten Mittelalter und auch aus der Zeit der neueren Naturwissenschaft beschrieben. Rudolf Steiner bringt immer wieder diese Eigenart der Mystiker in ein Verhältnis mit demjenigen, was er als wahre Mystik beschreibt. Vor dieser Zeit, lass uns sagen, vor dem zwölften Jahrhundert, gab es noch eine natürliche Mystik. Es gab Menschen, die eine solche Konstitution hatten, dass sie unmittelbar aus der Natur Geist-Erfahrungen oder seelische Erlebnisse haben konnten. Wenn der Mensch nach innen schaute, war es für bestimmte Persönlichkeiten wirklich möglich, um eine Ahnung zu bekommen von dem, was das Göttliche eigentlich ist. Zwei Seiten gab es, einerseits eine äußerliche, dass die Natur noch sprach, noch eine seelische Sprache sprach und andererseits, dass im Inneren eine Ahnung aufblühen konnte von demjenigen, was das Göttliche im Menschen ist.

Rudolf Steiner hat beschrieben, dass diese natürliche seelische Begabung, die die Menschheit früher hatte, eine Unmöglichkeit geworden ist. Es wird immer weniger möglich, sich noch auf natürliche Weise zu dem Seelisch-Geistigen zu erheben. Rudolf Steiner hat in einem Zusatz bei der erneuten Ausgabe des Buches ‚Grundlinien einer Erkenntnistheorie der Goetheschen Weltanschauung' in 1924 ein kleines Stückchen Text über die Mystik hinzugefügt. In einem Buch das schon 1886 herausgegeben war.

‚Man wird in meinen Schriften über «Mystizismus» und «Mystik» gesprochen finden. Daß zwischen diesen verschiedenen Arten kein Widerspruch ist, wie man ihn hat heraus phantasieren wollen, kann man jedesmal aus dem Zusammenhange ersehen. Man kann einen allgemeinen Begriff von «Mystik» bilden. Danach ist sie der Umfang dessen, was man von der Welt durch inneres, seelisches Erleben erfahren kann. Dieser Begriff ist zunächst nicht anzufechten. Denn eine solche Erfahrung gibt es. Und sie offenbart nicht nur etwas über das menschliche Innere, sondern über die Welt. Man muß Augen haben, in denen sich Vorgänge abspielen, um über das Reich der Farben etwas zu erfahren. Aber man erfährt dadurch nicht nur etwas über das Auge, sondern über die Welt. Man muß ein inneres Seelenorgan haben, um gewisse Dinge der Welt zu erfahren. Aber man muß die volle Begriffsklarheit in die Erfahrungen des mystischen Organes bringen, wenn Erkenntnis entstehen soll. Es gibt aber Leute, die wollen in das «Innere» sich flüchten, um der Begriffsklarheit zu entfliehen. Diese nennen «Mystik», was die Erkenntnis aus dem Licht der Ideen in das Dunkel der Gefühlswelt - der nicht von Ideen erhellten Gefühlswelt - führen will. Gegen diese Mystik sprechen meine Schriften überall; für die Mystik, welche die Ideenklarheit denkerisch festhält und zu einem seelischen Wahrnehmungsorgan den mystischen Sinn macht, der in derselben Region des Menschenwesens tätig ist, wo sonst die dunklen Gefühle walten, ist jede Seite meiner Bücher geschrieben. Dieser Sinn ist für das Geistige völlig gleichzustellen dem Auge oder Ohr für das Physische.'

Man müsste so einen Text tun wollen, nicht nur lesen. Dann würde man in sich selbst den Unterschied zwischen den klaren Ideen und den dunklen Gefühlen feststellen. Und dann könnte man da, wo das Gefühl waltet, den mystischen Sinn finden, der dann neben der Ideenklarheit tätig ist. Wir sind ja selbst Menschen die mit Ideenklarheit und Mystik arbeiten.

Ein anderer Text ist der Zusatz zur Neuauflage 1918 der Philosophie der Freiheit:

> ‚Die Schwierigkeit, das Denken in seinem Wesen beobachtend zu erfassen, liegt darin, daß dieses Wesen der betrachtenden Seele nur allzu leicht schon entschlüpft ist, wenn diese es in die Richtung ihrer Aufmerksamkeit bringen will. Dann bleibt ihr nur das tote Abstrakte, die Leichname des lebendigen Denkens.
>
> Sieht man nur auf dieses Abstrakte, so wird man leicht ihm gegenüber sich gedrängt finden, in das «lebensvolle» Element der Gefühlsmystik, oder auch der Willensmetaphysik einzutreten. Man wird es absonderlich finden, wenn jemand in «bloßen Gedanken» das Wesen der Wirklichkeit ergreifen will. Aber wer sich dazu bringt, das Leben im Denken wahrhaft zu haben, der gelangt zur Einsicht, daß dem inneren Reichtum und der in sich ruhenden, aber zugleich in sich bewegten Erfahrung innerhalb dieses Lebens das Weben in bloßen Gefühlen oder das Anschauen des Willenselementes nicht einmal verglichen werden kann, geschweige denn, daß diese über jenes gesetzt werden dürften. Gerade von diesem Reichtum, von dieser inneren Fülle des Erlebens rührt es her, daß sein Gegenbild in der gewöhnlichen Seeleneinstellung tot, abstrakt aussieht. Keine andere menschliche Seelenbetätigung wird so leicht zu verkennen sein wie das Denken. Das Wollen, das Fühlen, sie erwärmen die Menschenseele auch noch im Nacherleben ihres Ursprungszustandes. Das Denken läßt nur allzuleicht in diesem Nacherleben kalt; es scheint das Seelenleben auszutrocknen. Doch

dies ist eben nur der stark sich geltend machende Schatten seiner lichtdurchwobenen, warm in die Welterscheinungen untertauchenden Wirklichkeit. Dieses Untertauchen geschieht mit einer in der Denkbetätigung selbst dahinfließenden Kraft, welche Kraft der Liebe in geistiger Art ist. Man darf nicht einwendend sagen, wer so Liebe im tätigen Denken sieht, der verlegt ein Gefühl, die Liebe, in dasselbe. Denn dieser Einwand ist in Wahrheit eine Bestätigung des hier geltend Gemachten. Wer nämlich zum wesenhaften Denken sich hinwendet der findet in demselben sowohl Gefühl wie Willen, die letztern auch in den Tiefen ihrer Wirklichkeit; wer von dem Denken sich ab- und nur dem «bloßen» Fühlen und Wollen zuwendet, der verliert aus diesen die wahre Wirklichkeit. Wer im Denken intuitiv erleben will, der wird auch dem gefühlsmäßigen und willensartigen Erleben gerecht; nicht aber kann gerecht sein gegen die intuitiv-denkerische Durchdringung des Daseins die Gefühlsmystik und die Willensmetaphysik. Die letztern werden nur allzuleicht zu dem Urteil kommen, daß sie im Wirklichen stehen; der intuitiv Denkende aber gefühllos und wirklichkeitsfremd in abstrakten Gedanken, ein schattenhaftes, kaltes Weltbild formt.'

Wir werden heute versuchen durch Übung die Erkenntnisposition kennenzulernen, die Rudolf Steiner als die wahre Mystik kennzeichnet.

Aber hier in diesem Vortrag werde ich dann versuchen, noch etwas mehr darüber zu erzählen, was Rudolf Steiner über die Mystik und die Vertiefung weiter noch ausgeführt hat. Wenn wir vor das 13. Jahrhundert zurückgehen, dann gibt es in der christlichen Welt, da wo die christlichen Denker tätig sind und vor allem diejenigen, die auf dem Platonismus sich gründen, die also ihre denkende und fühlende Entwicklung zurückführen auf die Seelenhaltung von Plato, zum Beispiel Dionysius Areopagita. Er ist ein wichtiger Lehrer in dem ersten Jahrhundert nach Christus, der weit in das Mittelalter hinein wirkt. Er war ein Schüler von Paulus, hat seine Lehre mündlich verbreitet und diese Lehre ist durch Jahrhunderte hindurch nicht aufgeschrieben worden. Im sechsten Jahrhundert gab es einen Menschen, der mit dem Namen Pseudo Dionysius Areopagita bekannt wurde, der hat dann letztendlich dasjenige, was durch diese mündliche Überlieferung noch da war, aufgeschrieben. Man kann sich natürlich fragen, in wie weit das dann noch war, was es ursprünglich gewesen ist. Aber in unserer Zeit können wir die Texte noch lesen, diese gibt es noch immer. Was darin sehr berührend ist, das ist eine ‚Technik' der inneren Erfahrung, die darauf beruht, dass man alles, was man an Erkenntnisse hat, alles, was man zu wissen meint und vor allem alles, was man über Gott, über die Drei-Einigkeit, über Christus zu wissen meint, negiert, in eine Negation bringt. Sagt man zum Beispiel ‚Gott ist gut', dann ist das ungenügend, wie man auch nicht sagen kann ‚Gott ist nicht gut'.

Von Gott kann man beides nicht sagen, denn er ist etwas anderes, etwas, was wir mit ‚gut' nicht erfassen können. Er ist etwas, was über ‚gut' hinaus geht. So tut er das mit allen Begriffen.

Er tut das mehr oder weniger systematisch, Schritt für Schritt. Alles was man geistig zu wissen meint, legt man ab. Das wäre eine merkwürdige Expedition, wenn man das mit der Anthroposophie machen würde, dass man alles, was man weiß, in dieser Art in eine Negation bringt. Dass man es nicht mehr schätzt, nicht sagt, es ist wahr oder nicht, sondern sagt: wir können es eigentlich nicht mit unseren Worten ausdrücken, wir brauchten etwas anderes als Begriffe, und wir warten innerlich ab. Das ist die Grundhaltung, die dann später in der christlichen Mystik aufblüht.

Diese Haltung geht über Johannes Scotus Eriugena, über die Lehrer von Chartres, die aber ihr Wissen ganz stark noch mit der Natur verbinden, dann weiter zu Meister Eckart. Bei ihm finden wir den Weg der Entwerdung, das bedeutet, dass wenn der Mensch den Gott sucht, dass er das nur so tun kann, dass man sich auf den Glauben stützt – also der Glaube ist Grundlage – aber dann muss Schritt für Schritt alles, was man glaubt, alles, was man selbst ist, was man meint zu sein, was man geworden ist, alles muss in eine Entwerdung gebracht werden, soweit bis es überhaupt keine Erfahrung mehr von irgendetwas Innerlichem gibt und dann strömt das Göttliche – aber dann noch immer als ein kleines Fünklein – in die Seele ein. Nicht ein großes göttliches Feuer wird da angesprochen, sondern es ist ein ganz kleines Fünklein, tief unten, da wo alle Erkenntnis, aber auch alle Selbsterkenntnis schweigt, wo man aber trotzdem weiß, dass man da das Wissen hat, das wirkliche Wissen hat, da leuchtet dieses Fünklein. Man spürt, wenn man versucht, so etwas mehr oder weniger mitzumachen, wenigstens in Ideenform, wie weit Dionysius Areopagita und auch Meister Eckart es gebracht haben – das kann man natürlich nicht so ein, zwei, drei auch machen, aber man kann es in Ideenform doch wohl mitvollziehen – und dann spürt man, dass man eigentlich ganz in sich hineingeht. Das Äußere, die äußere Welt hat man ganz zum Schweigen gebracht, aber auch innerlich strebt man danach, dasjenige was man selbst ist, soweit wie nur möglich zum Schweigen zu bringen, um dann letztendlich das Licht der Selbsterkenntnis nicht mehr auf das Selbst leuchten zu lassen, sondern danach zu streben, dass man so tief in sich selbst hineinsteigt, dass da ganz unten eine Welt ist, die die wahrhaftige geistige Welt ist. Man spürt das eigene Sein und wie das eigene Selbst, die Ich-Erfahrung, das Ego, wie eine Sonnenverfinsterung davorsteht. Wenn man das tun möchte, ohne das Selbst ganz zu erkennen und in die Entwerdung bringen zu können, dann würde man sich mit sich selbst stärker vereinigen, als gut für einen ist. Das wird dann doch bei solchen Versuchen deutlich, dass man das früher vielleicht, als die Menschheit eine andere Konstitution hatte, machen konnte, dass das in unserer Zeit jedoch nicht mehr so gemacht werden soll.

Dann ist es interessant, um die Vorträge von Rudolf Steiner über die *Okkulte Physiologie* aufzunehmen. Denn da kommt dann ganz unerwartet eine physiologische Ausführung über den Unterschied zwischen chymischer und mystischer Hochzeit, zwischen dem Weg wo man mit dem Denken ganz aus sich heraus geht und dem Weg wo man mit dem Fühlen sich ganz mit sich vereint. Diese Vorträge über okkulte Physiologie sind etwas Wunderbares. Man denkt: ich will etwas wissen über den menschlichen Leib und wie dieser okkult gesehen funktioniert. Die ersten drei Vorträge aber, die in dieser Reihe gegeben worden sind, handeln dann über den Erkenntnisweg. Dann wird sehr deutlich, denn es wird bis in die Physiologie beschrieben, was der Mensch, wenn er meditiert, eigentlich tut. Rudolf Steiner beschreibt, dass wenn wir eine Denkkonzentration, die stark genug ist, vollziehen, wir dann mit uns auch körperlich etwas vornehmen. Es ist nicht nur eine geistig-seelische Betätigung, sondern auch der Leib tut in einer anderen Art mit, als wie er wirkt, wenn man nicht in der Meditation ist. Normalerweise, wenn man wach ist und seine Sinneserfahrungen hat, kommen diese durch die Sinnesnerven bis in das Gehirn. Der Sinneseindruck wird noch nicht bewusst. Diese Sinneseindrücke werden erst bewusst empfunden, wenn die Eindrücke durch das Nervensystem hindurch sich in die Tafel des Blutes einschreiben.

Es kommt eine geistig-seelische Berührung zustande zwischen Nerv und Blut. Und dadurch, dass dasjenige, was mit dem Nerv wahrgenommen wird, sich mit dem Blut verbindet, entsteht die Empfindung der Sinnes-Eindrücke. Was der meditierende Mensch tut, wenn er sich auf Gedanken, die sinnlichkeitsfrei sind, konzentriert, ist, dass er seine ganze Denktätigkeit in sich selbst konzentriert, sodass dasjenige, was mit dem Gehirn noch gespiegelt und wahrgenommen wird, nicht bis in das Blut hineingeht. Die Konzentrations-Arbeit führt dazu, dass man Augenblicke haben kann, dass die ganze Nerven-Sinnestätigkeit nicht bis in das Blut hineingeht, dass man sich daraus losreißt. Es bedeutet, dass wenn man dann Sinnes-Eindrücke haben würde – man hat eine Konzentrationsübung gemacht, öffnet seine Sinne und schaut in die Welt – und man könnte diesen Zustand behalten – das geht natürlich schwierig, aber das hat Rudolf Steiner sicherlich wohl gekonnt – wenn man dann aufrecht halten kann, dass das Sinnes-Nervensystem die Eindrücke nicht bis in das Blut bringt, dann hat man eine hellsichtig geistig-seelische Wahrnehmung der Außenwelt. Man sieht nicht mehr, was die Seele normalerweise sieht oder hört, die Sinneseindrücke und Wahrnehmungen sind in sich selbst zurückgestaut und in diesem Zurückstauen entsteht die geistige Wahrnehmung. Wenn man das in der Meditation vollziehen kann, dann kommt man in eine Lage, dass alles dasjenige, was man innerlich denkt, sich in sich selbst spiegelt. Und wenn das weit genug geht, dann kommen auch da hellsichtige Eindrücke zustande. Das ist das Eine. Man muss, wenn man einen anthroposophischen Weg gehen will, das gut verstehen. Der Weg fängt an mit Konzentration der Gedanken. Das treibt man so weit, dass man fähig wird, seine Gedanken und Sinneseindrücke ganz in dem Nervensystem zu halten und das Blut außerhalb zu lassen. Das Blut trägt das Ich und wenn man das so macht, dann reißt man eigentlich auch seine geistig-seelische Tätigkeit von dem heutigen Ich los.

Die andere Seite liegt andersherum. Man kann auch danach streben, dass man das Nervensystem intensiver mit dem Blut verbindet. Das ist aber nicht das Sinnes-Nervensystem, sondern das ist das System der Ganglien, die neben der Wirbelsäule laufen, wo auch das Sonnengeflecht liegt, und wo der Mensch sein Bewusstsein *nicht* hat. Da fängt der heutige Geistesweg nicht an. Aber man könnte das wollen, man könnte sagen: Ich will direkt einen anderen Weg gehen. Ich will dasjenige, was ich in meinem Ich trage, in meinem Blut also, in meinem Nervensystem eindrücken, also andersherum. Das beschreibt Rudolf Steiner als den mystischen Weg, dass man also nicht über das Bewusstsein sich von dem Blut loslöst, aber dass man über das unbewusste Fühlen und Wollen sich gerade mit sich selbst vermählt. Das könnte man tun, wenn das Ich ganz selbstlos werden könnte. Man kann sich vorstellen, wenn man paradox gesprochen ganz ichlos ist, dann kann man das tun, dann braucht man also den Weg, dass man sich zuerst ganz in eine ich-freie Haltung gebracht hat und dann vielleicht später die Möglichkeit findet, um eine Umwandlung der Erkenntnisfähigkeit zustande zu bringen, die dann die mystische ist. Aber wenn man den Leib erforschen will, dann braucht man diese mystische Erkenntnisposition gerade. Durch dasjenige, was man durch das bewusste Konzentrations-Denken erlangt, kann man den Leib nicht erkennen, man geht gerade heraus und kann hier seine Untersuchungen nicht machen. Es gibt natürlich viele Stellen im Werk von Rudolf Steiner, wo er beschreibt, dass dasjenige, was – und dann meint er die vagen und nicht exakten Mystiker und was diese an Visionen haben – auf mystischem Weg gefunden wird, leibliche Visionen sind, die dann für Engel und Erzengel gehalten werden. Aber eigentlich sind es die Magen- und Gedärmwesen, die sich offenbaren. Das ist die Gefahr. Wenn man unmittelbar – nicht durch das bewusste Denken – aber unmittelbar Übungen macht, die das Blut mit dem Nervensystem, wo der Mensch nicht bewusst ist, verbinden und diese Verbindung verstärken, läuft man Gefahr, in die Irre zu gehen. Es ist eine Art von Umstülpung von dem, was man oben macht durch Konzentration. Das stülpt sich um in die mystische Versenkung in das Blut. So gibt es also die *Okkulte Physiologie*. Das war 1911. 1920 gab Rudolf Steiner Vorträge über die *Grenzen der Naturerkenntnis*. Diese berühmte Vortragsreihe enthält ebenso Ausführungen darüber, wie man zuerst durch Konzentration des Denkens aus dem Leib herausgehen muss, um dann später wiederum in den Leib hinein, bewusst erkennend, zurückschreiten zu können. Rudolf Steiner beschreibt den geistigen Erkenntnisweg, den Weg für Wissenschaftler. Wenn man den Weg auf einer nicht wissenschaftlichen Weise gehen will, kann man mit dem Buch ‚Wie erlangt man Erkenntnisse der höheren Welten?' seine Arbeit machen. Wenn man aber wirklich selbstständig Geistesforscher werden will, dann braucht man eine wissenschaftliche Grundlage. Der Wissenschaftler sozusagen sollte als Grundlage, als ersten Schritt die Philosophie der Freiheit tun. Ich sage tun, weil er es da wirklich so bringt, dass man nicht nur die Sätze liest, aber dass man sie auch *verwirklicht*. Und wenn man dann diese Philosophie der Freiheit verwirklicht hat, dann hat man etwas zustande gebracht, was eine Herrschaft über die geistig-seelischen Prozesse im Verhältnis zu dem Leib liefert. Also hier ist es nicht so, dass man blind unbewusst Forscher wird, aber hier ist es so, dass man bis in die geistig-seelische Physiologie dann genau weiß, was man tut. Rudolf Steiner beschreibt, wenn der Wissenschaftler soweit gekommen ist, dass er diese eigenen Denkprozesse so gut beherrscht, dass er sie auch irgendwo halten kann, wo er sie halten will, dass es dann möglich wird, den mystischen Weg zu gehen, sodass man Forscher des menschlichen Leibes werden kann. Das ist schon eine Naturwissenschaft, die man findet, aber eine Naturwissenschaft, die sich nicht mit Erkenntnissen des toten Leibes zufriedengibt, aber die eine Erkenntnis findet, die wirklich direkt mit dem menschlichen Leib selbst gefunden wird. Dann muss man ein Pilger in seinen eigenen Leib werden. Man muss seine normale bewusste Denk-Tätigkeit ganz sicher bewusst außerhalb lassen. Man darf nicht mit dieser entwickelten reinen Denktätigkeit in den Leib hinein. Also braucht man eine Fähigkeit, dass man genau weiß: Hier bin ich in der reinen Denktätigkeit, ich lasse die reinen Gedanken außerhalb, die Willens-Tätigkeit darf mit und das Fühlen und Wollen werden Hauptsache. Man verbindet sich in seinem Fühlen und Wollen ganz intensiv mit seinem eigenen Leib.

Wie tut man das? Das tut man dadurch, dass man die Fähigkeit erlangt, um alle Sinneseindrücke, die man dann bewusst dafür wählt, dass man diese ganz ohne Denken in sich aufsaugen kann. Dadurch kommt man in seinen Leib hinein.

Das ist eine Form neuerer Mystik, das man ganz wissenschaftlich bewusst sich selbst als wissenschaftliches Denken außerhalb lässt, und dann rein mit dem Fühlen und Wollen in sich hineingeht. Interessant ist die Passage, worin Rudolf Steiner sagt: Wenn man ohne diese Maßnahmen, die man vornehmen muss, seine Gedanken in sich selbst hinuntersteigen lassen würde, dann würde man sein Ego auf dieser Reise mitnehmen. Das führt dazu, dass man ein Dogmatiker wird! Alle Dogmatik kommt davon, dass man seine Gedanken mit dem Blut verbindet. Das geschieht im gewöhnlichen Erkenntnisleben natürlich ziemlich leicht, dass man seine Gedanken nicht frei von dem Leibes-Erleben hat. Wenn die Gedanken mit dem Blut zusammenkommen und man weiß nicht wo man ist, dann werden die Grundsätze, die man in seinem Denken hat, zu Dogmen.

Das sind zwei Auseinandersetzungen von Rudolf Steiner über die Mystik, die sehr exakt sind, wodurch man auch einen Eindruck bekommt, was der Mensch alles mit sich selbst vornehmen muss oder soll, um diese mystischen Wege gehen zu dürfen.

Dann erinnert man sich dieses Buches über die Mystik, das viel, viel früher geschrieben wurde. Es war 1902, nach Anleitung von Vorträgen für eine Gruppe von an Theosophie interessierten Menschen herausgegeben. Rudolf Steiner hielt eine ganze Reihe von Vorträgen über die Mystik und hat diese später aufgeschrieben. Es sind also keine Nachschriften, sondern er hat sie selbst geschrieben. Es gibt darin diese wunderbare Einführung und damit will ich dann schließen. Diese Einführung, die ganz früh geschrieben wurde, steht in 1924, bei der Neuausgabe, noch immer ebenso fest und sicher als damals in 1902, denn es steht in dieser Neuausgabe geschrieben, dass nichts geändert zu werden braucht.

Ich habe damit begonnen, zu sagen, dass ich das unglaublich spannend gefunden habe. Das hat damit zu tun, dass es eigentlich eine Weiterführung des Ausnahmezustandes ist. Rudolf Steiner beschreibt in dieser Einführung - das ist natürlich nicht so leicht zusammenzufassen - *einen neuen Sinn* und er zitiert mehrere bekannte Schriftsteller, die diesen neuen Sinn beschrieben haben. Er zeigt damit, dass eigentlich jeder, der diesen neuen Sinn in sich selbst kennenlernt, zu jubeln anfängt. Das ist eine Erfahrung, die so unglaublich beseligend ist, dass man da für sein ganzes Leben etwas gefunden hat, womit man weitermachen kann. Das wird sehr deutlich. Er zitiert da zum Beispiel Fichte, auch Spinoza und Hegel, wodurch man sieht: diese Menschen haben diese Erfahrung gehabt, vergessen das nie mehr und behalten diese Fähigkeit auch. Der neue Sinn.

Er beschreibt, dass es darauf ankommt, dass man für sich selbst zur Erkenntnis kommt, dass dasjenige, was äußerliche Welterkenntnis ist, von einer ganz anderen Art ist, als die Selbsterkenntnis. Wenn man nach außen blickt und hört und darüber seine Gedanken hat, muss man immer das Wissen haben: da ist die Welt, hier bin ich. Und was hat die Welt mit meinem Ich zu tun, was habe ich darüber zu sagen, was die Welt ist.

Dieser Erkenntnis-Zweifel hört auf, wenn man auf die Idee gebracht wird, um den erkennenden Blick nach innen zu lenken und dann nicht auf seine Gefühle oder auf seine Willens-Impulse zu achten, sondern auf dasjenige, was als Erkenntnis in einem lebt.

Man hat also nach außen seine Erkenntnis-Zweifel. Wenn man aber nach innen schaut, dann findet man die erlangten Erkenntnisse, die man in seinem Leben aufgenommen hat, aber in vergeistigter Form. Man findet eine zusammenhängende Begriffswelt. Und wenn man mit dem abstrakten, gewöhnlichen Denken das Licht darauf fallen lässt, dann hat man eigentlich nichts, weniger noch als wenn man nach außen schaut, denn da haben wir jedenfalls noch die ganze Fülle des Sinnesreichtums und auch alle Gefühle und Willensimpulse, die damit zusammenhängen. Wenn man aber mit seinem abstrakten Denken die Innenwelt des Gedankens anschaut, dann wird das ein doppelter Tod...

Also das ist es nicht. Es ist nicht, dass man in derselben Art, wie man nach außen schaut, sein Licht auch nach innen lenkt. Zuerst muss man das natürlich auch tun. Aber, wenn es sich richtig vollzieht, dann geschieht da etwas, worauf Rudolf Steiner in der Philosophie der Freiheit, in den vorhergehenden Büchern und auch in den nachher kommenden Büchern und Arbeiten, die er gegeben hat, deutlich hingewiesen hat. Es geht nicht um den Inhalt der Gedankenwelt, sondern dass man sich, wenn man den Blick nach innen lenkt, bewusst wird, dass man in dem Denken fortwährend schaffend tätig ist. Es ist nicht eine so fertige Welt, wie die äußere Welt, die uns ganz fix und fertig gegenübersteht.

Wenn wir den Blick nach innen lenken, dann finden wir eine Welt, die fortwährend im Werden ist. Aber sie ist dadurch im Werden, weil wir sie selbst *werden lassen*.

Das ist ein einzigartiges Erleben, dass man in etwas darin ist, was nicht schon fertig ist, aber was nur existiert, wenn ich tätig bin. Also dieses Erzeugen der Erkenntnisse, womit ich fortwährend - wenn ich erkenne - an der Arbeit bin, diese *Tätigkeit*, die macht den Unterschied. Außen ist alles fertig, innen ist nichts fertig, da bin ich fortwährend an der Arbeit. Und wenn ich es nicht bin, dann spiegelt die Außenwelt sich untätig in meinem Innern.

Dieses Erleben ist, was gemeint wird mit dem Ausnahmezustand. Das wird in verschiedener Beleuchtung und von verschiedenen Ausgangspunkten auch in dieser Ausführung dargestellt, dass die mystische Versenkung im neueren Sinn eigentlich bedeutet, dass man sich selbst kennenlernt, nach innen schaut und da sich selbst als tätig erkennendes Wesen nicht nur anschaut, sondern zu gleicher Zeit auch damit vereint ist.

Für die Mystiker war doch meistens deutlich - und das ist dann die eigentliche mystische Erfahrung - dass man da, wo man sich in einer solchen Art erkennt, sich mit sich selbst vereint, die Form ist, wodurch das Göttlich-Geistige sich selbst anschaut.

Es gibt einen Vergleich, worin gesagt wird: In der Luft leuchtet die Sonne und so wie dadurch, dass die Luft erleuchtet wird, das Licht auf die Dinge fällt, so ist dieses Leuchten in der Luft selbst auch da. So stellt sich der Mystiker seine Selbsterkenntnis vor, dass er nicht getrennt von dem Göttlichen in sich selbst, sich selbst erkennt und dann auch Gott erkennt, sondern dass Gott ihn erkennt und dass er bei diesem Erkenntnisprozess von Gott dabei ist. Und dann fühlt man sich wie eine Form, worin es für Gott möglich wird, sich selbst anzuschauen.

Das kann man zuerst als Idee, aber dann später auch immer mehr mitfühlend und wollend erleben lernen, wenn man den Ausnahmezustand aus der Philosophie der Freiheit immer mehr und mehr übt und erlebt. Was man durch diesen Ausnahmezustand, wo man das tätige Denken beobachtet, an Erfahrung gewinnt, ist genau, was Rudolf Steiner dann später in dieser Einführung zu der Mystik beschreibt.

Man kommt also von der Philosophie der Freiheit durch diese Beschreibungen in der Mystik weiter, denn man erlebt, immer mehr und mehr, dass wenn man diese Konzentrationsarbeit, worin also die Erlebnisse im Nervensystem isoliert werden von dem Blut, wenn man sie weiter und weiter und weiter und weiter führt, man dann immer sicherer weiß, dass man nicht zu einer Hellsichtigkeit kommen kann, dass man das zwar braucht, diese Loslösung, aber das auf diesem Weg in erster Linie keine hellsichtigen Erfahrungen kommen.

In anderen Vorträgen und Aufsätzen hat Rudolf Steiner diesem auch einen Namen gegeben. Er hat es das *übersinnliche Selbstbewusstsein* genannt. Da kommt man aber in ein Einsamkeitserleben hinein. Denn man kommt wohl in ein übersinnliches Selbstbewusstsein, aber es gibt da nur das Selbst und nicht eine geistige Welt. Man braucht die mystische Vertiefung, so könnte man sagen, um diese Welt der geistigen Wesenheiten, die nicht ich sind, zu finden. Aber dafür muss man zuerst diese mühsamen Erfahrungen gemacht haben, dass man sein Ich nur im Nervensystem erlebt und nicht im Blut. Denn da hat man nicht das Ich von dieser Inkarnation - denn das lebt im Blut - aber man hat das Ich aus der vorherigen Inkarnation. Man kommt immer mehr und mehr damit in Berührung. Es ist nicht so, dass man sagen könnte: ich bin der oder die gewesen, aber man kommt von dieser heutigen Inkarnation los.

Aber das bringt auch ein Bedürfnis, denn es braucht diese Umstülpung zur Mystik und diese kann man dadurch erlangen, dass man immer weiter und weiter übt, was Rudolf Steiner in dieser Einführung geschildert hat. Man kann es noch viel und viel konkreter machen dadurch, dass man die Anweisungen verfolgt, die er für die Wissenschaftler gegeben hat in der Vortragsreihe *Grenzen der Naturerkenntnis*, wo wirklich konkrete Anweisungen gegeben werden, wie man das dann eigentlich weiter machen kann.

Hier in der Beschreibung der Mystiker wird es doch auch deutlich. Wenn man dasjenige, was die Mystiker gemacht haben, mit dem Schauvermögen von Rudolf Steiner anschaut, dann wird deutlich, dass diese Mystiker meistens - nicht alle - in diesem Zustand, wo man sich selbst erkennt, durchgedrungen sind in diejenige Region, wo die gewöhnlichen Erkenntnisse ganz schweigen, wo auch das gewöhnliche Selbst ganz schweigt, aber wo man das hat, was Frucht und Neubildung der äußerlichen Erkenntnis ist, wo das wie ein Fünklein schimmert, ganz tief weg in der Selbstanschauung. Und in dieser Selbstanschauung kommt es dann letztendlich so weit, dass man, wenn man weit genug gehen könnte, fühlen, erleben, auch wollen könnte, die Form ist, in der die Gottheit sich selbst anschaut.

Daher kommen auch diese kühnen Aussagen, von Mystikern, die sprechen, dass Gott nicht ein Nu leben kann, wenn ich nicht da bin. Er braucht mich für das Wissen von sich selbst. Wenn ich nicht da wäre, müsste er auch den Geist aufgeben. Das ist von Angelus Silesius. Er hat Aussprüche getan, die sehr kühn sind, aber in diesem Licht kann man es sehr wohl verstehen.

Rudolf Steiner beschreibt Nikolaus von Kues als diejenige Persönlichkeit, die eigentlich der modernen Möglichkeit der Wissenschaft, die sich zur Mystik vertieft, am nächsten gekommen ist. Aber er war Kardinal in der katholischen Kirche und durfte so weit nicht gehen. Er hat dann auch letztendlich doch die traditionellen dogmatischen christlichen Erkenntnisse als mystische Erkenntnisse gehabt, aber konnte diese nicht ganz in die Negation bringen. Er wollte ein Nicht-Wissen, eine Erkenntnis aus dem Nicht-Wissen erreichen, aber er hat das nicht vollbracht, er wagte nicht soweit zu gehen, aber er war wohl auf dem Weg. Er war auf dem Weg, dass man dadurch, dass man gelehrt ist, letztendlich sich selbst so weit bringt, dass man seine ganze Gelehrtheit bewusst in ein Nicht-Wissen umformt. In diesem

Nicht-Wissen liegt die wirkliche mystische Vertiefung und da wird man zur Form, worin Gott sich selbst anschaut.

Aber er schaute sich nicht an, in dieser Form lag doch noch allerlei Eigenheit verborgen, wenn es auch für die kirchliche Dogmatik so sein musste, was er sagte.

Vermutlich haben wir in Rudolf Steiner jemanden, der diese wahrhaftige physische Vertiefung am weitesten vollzogen hat. Wenn wir sehen, wie weit seine Erkenntnisse des physischen Leibes reichten! Es ist wirklich unglaublich, wie er zum Beispiel in dieser Vortragsreihe über okkulte Physiologie wie eine Art von Pilger durch das Land von Leber, Milz, Nieren und so weiter wandert. Man bekommt den Eindruck, dass er im Mikrokosmos herumgeht, zwischen fleischgewordenen Planeten und der Sonne und dass er sich darin wirklich erkennend verhält.

Es war in diesem Vortrag mehr neue als alte Mystik, das bin ich mir bewusst. Aber wir wollen auch in die Zukunft hinein. Ich habe eine Anzahl Übungen und auch noch einige Zitate, wodurch die Mystik verdeutlicht werden kann, gesammelt.

ZWEITE STUNDE

Zürich, 6. April 2019

Gibt es noch bestimmte Fragen oder Bemerkungen?

Frage: Ich habe gemerkt, dass mir dieses Fünklein wieder fremd geworden ist. Könnten Sie noch etwas über die Natur dieses Fünkleins sagen?

Ein Fünklein gibt Licht und so wie Rudolf Steiner das anhand der Erleuchtung von Meister Eckhart beschreibt, muss man sich das so vorstellen, dass das Licht der Selbsterkenntnis in erster Linie noch das gewöhnliche Erkenntnislicht ist, das man auch nach außen lenkt, wenn man etwas erkennen will. Dann lenkt man das Licht nach innen um und findet da die innerlichen Erkenntnisse. Bei Meister Eckhart waren das vor allem Glaubenserkenntnisse. Er hat dann auf seinem Weg fortwährend versucht alles, was er als, nennen wir es positive Erkenntnisse, hat, also was man aus der Welt in sich trägt, abzulegen. Er nennt das eine Entwerdung. Diese Entwerdung geht so weit, bis er ganz in die Tiefe seiner Seele hineingelangt ist, wo nichts mehr von der äußeren Welt zu finden ist und auch nicht mehr die Gedankenschatten aus der äußeren Welt, schließlich sogar nicht einmal mehr seine Selbsterlebnisse. Es bleibt eine tiefe Finsternis. Aber gerade da, wo es am allerfinstersten ist, kommt dieses Fünklein und erleuchtet die Finsternis.

Frage: Geht dieses Fünklein über die Natur hinaus? Ist es etwas Göttliches?

Ja, da wo der Mensch erkennt, dass dieses Fünklein dasjenige ist, was er selbst noch ist – was aber zu gleicher Zeit auch das Göttliche ist. In diesem Sinn ist er dann selbst die Form, worin Gott sich anschaut.

Frage: Waren diese mystischen Erlebnisse bei Meister Eckhart völlig rein? Rudolf Steiner beschreibt ja die Erlebnisse von Teresa von Avila und deu-

tet an, dass diese mystischen Erlebnisse noch immer persönliche, subjektive Reste enthielten? [1]

Ich bekomme den Eindruck, dass die Erlebnisse von Meister Eckhart wirklich ganz rein waren. In den Vorträgen über die spirituelle Ökonomie spricht Rudolf Steiner darüber, dass die Wesensglieder von Jesus von Nazareth sich vervielfältigt haben und als Abdruck bei bestimmten Persönlichkeiten eingezogen sind – der Ätherleib bei Augustin, der Astralleib z. B. bei Thomas von Aquin und Franziskus. Vom Ich sagt Rudolf Steiner, dass es bei Meister Eckhart und bei Parzival einen Abdruck gab. Das sind dann solche Rätsel, die man in der Meditation mit sich mit tragen kann... Die alte Mystik könnte man dann finden bei solchen Nonnen wie Theresa von Avila, aber was Rudolf Steiner in diesem Buch über die Mystik beschreibt, das beschreibt die verschiedenen Persönlichkeiten, die einen Erkenntnisweg gegangen sind und von da ausgehend – obwohl es Glaubenskenntnisse sein können – in eine mystische Vertiefung gekommen sind.

Frage: Rudolf Steiner sagt ja, wir sollten den Willen in das Denken tragen und dann das Denken in den Willen tragen. Ist denn Mystik, was hier noch weiter geht?

Man könnte es so sagen: Wenn man den Willen in das Denken trägt, ist das diese Konzentrationsseite, wodurch man sich ganz mit dem Nervensystem loslöst aus dem Blut. Wenn man aber das so erlangte Denken mit dem Willen verbindet, ist das die Mystik.

Man findet es überall in der Arbeit von Rudolf Steiner, so auch in den Vorträgen in Torquay 1924, *Das Initiatenbewusstsein*, die sind sehr lehrreich. Es sind die Vorträge über die wahren und falschen Wege in der Initiation. Er gibt die sieben Bewusstseinszustände, die man dadurch erlangen kann, dass man sich mit den Substanzen der Metalle verbindet. Man soll nicht das Wissen der Eigenschaften der Metalle

[1] Ein Zitat aus GA 175, S 82f. kann im Anhang gelesen werden.

meditieren, sondern was ein Metall für Eindruck in die Seele macht. Und das wird man dann ganz selbst. Wenn man das tut, kommt man in sieben Bewusstseinszustände. Das kann man deutlich wiedererkennen, dass wenn man über das Goldbewusstsein - was das alltägliche Bewusstsein ist - hinaus das Eisen, Zinn und Bleibewusstsein findet, dass man dann eigentlich diese Bewegung macht, die dem Loslösen aus dem Blut ähnlich ist. Aber wenn man nach ‚unten' geht, in das Kupfer, Merkur und Silbererleben, geht man mit seinen Bewusstseinszuständen in die mystische Vertiefung hinein. Das Kupferbewusstsein vor allem ist die Mystik. Rudolf Steiner sagt: Ich habe ein Buch geschrieben, *Wie erlangt man Erkenntnisse der höheren Welten*, wodurch man geistig-seelische Erkenntnisse der Natur erlangen kann. Aber ich hätte auch sagen können, man erlangt das Kupferbewusstsein.

Dadurch, dass man das Kupferbewusstsein hat, kommt man in das elementarische Reich hinein. Aber man geht auch innerlich, nach innen zu, in das Reich der leiblichen Organe hinein. Wohin man auch immer schaut in der Arbeit von Rudolf Steiner, immer finden wir diese zwei Seiten: einerseits vom Leib hinweg in das reine Denken hinein, dann durch den Leib hindurch. Denn es bleibt nicht dabei, dass man in den Leib hinein kommt, man geht dann dadurch hindurch und dann wieder in den Makrokosmos hinein. Dann kommen erst die wirklichen hellsichtigen Erlebnisse im Makrokosmos. Die kann man nicht haben mit dem reinen Denken nur, da geht man zwar in den Makrokosmos hinaus, aber man sieht nichts, man hat keine Erfahrungen, man muss zuerst den Körper ganz durchdringen, – das ist das Mystische – und wenn man dadurch hindurchgegangen ist, dann hat man auch die Möglichkeit den Makrokosmos hellsichtig zu schauen.

Teilnehmer: Man muss wohl über Durchhaltekräfte verfügen, um das auch zur Wirklichkeit zu machen.

Es fängt natürlich schon mit der Konzentration an, dass diese nicht stark genug, nicht kräftig genug, zu wackelig, immer abgelenkt usw. ist, dass man es nicht zustande bringt, mit dem reinen Denken ganz außerhalb vom Blut zu leben. Das kommt schon nicht zustande. Und wenn man dann nicht weiß, was man tut, dann kann das übrige natürlich auch nicht zum Heil führen. Also der *erste Schritt* bleibt doch: so stark wie nur mögliche Konzentration. Aber zu gleicher Zeit kann man seine Übungen auch in die andere Richtung tun und gut aufpassen. Durch die Konzentration aber wird schon ein übersinnliches Selbstbewusstsein erlangt und man kann dann die moralische Intuition aufnehmen und auf diese Weise in der Welt wirken. Man ist dann noch nicht hellsichtig, aber man kann doch schon mehr als mit dem gewöhnlichen Bewusstsein.

Das ist schon ein beseligendes Erleben, weil man sich selbst kennenlernt, als ein geistiges Wesen, das außerhalb von dem physischen Leib existieren kann. Es ist doch der große Zweifel und Ursache des Leidens im Leben, dass man nicht weiß, was mit dem Tod eigentlich geschieht. Und wenn man nur das erlangt, dass man das sicher weiß, dann kann man nicht sagen, dass man nichts erlangt hat. Das liegt ziemlich nahe, es ist nicht so schwierig um dahin zu kommen. Ich habe immer diesen Satz von Rudolf Steiner aus *Von Seelenrätseln* bei mir behalten worin er sagt: ‹Ich bin nicht der Anschauung, dass geistiges Schauen nur als eine besondere Gabe für Ausnahmepersönlichkeiten erreichbar ist. Ich muss dieses Schauen für eine Fähigkeit der Menschenseele halten, die jeder sich aneignen kann, wenn er die zu ihr führenden seelischen Erlebnisse in sich wachruft.'[2]

Das verspricht doch eigentlich viel, man braucht nicht auserwählt zu sein und zu den fünf Großen, oder sieben Großen der Erde zu gehören, es liegt eigentlich in jedem Menschen in unserer Zeit bereit, dass wir das Schauen erreichen können.

Frage: Ich habe das nicht ganz begriffen, das mit dem übersinnlichen Selbstbewusstsein. Wenn man sich erkennt, was erkennt man dann genau? Hat man dann bereits geistige Einsichten?

Nein, die gehören noch zum gewöhnlichen Bewusstsein. Es geht ge-

[2] Rudolf Steiner, Von Seelenrätseln, GA 21, S. 109/110

rade darum, dass es für den Menschen möglich ist, sich selbst in einen Zustand zu bringen, wo das Denken ganz *sinnlichkeitsfrei* rein ist und dass man da seine moralischen Intuitionen selbst schöpfen und schaffen kann. Das ist natürlich in gewissem Sinn eine Hellsichtigkeit, aber das ist die gleiche Hellsichtigkeit, die man mit allen Begriffen hat. Das ist auch so eine wunderbare Aussage von Rudolf Steiner, dass jeder Mensch hellsichtig ist, weil er begreifen kann. Denn in jedem Begriff ist man eigentlich hellsichtig. Hier hat man ein Beispiel für das, was die Hellsichtigkeit ist, die aus der wissenschaftlichen Denktätigkeit hervorgeht.

Es gibt auch - das kann man in diesem Buch über die Mystik auch finden - viel Undeutlichkeit darüber, was reines Denken eigentlich ist. Rudolf Steiner gibt das Beispiel, dass wenn man rechnet, man immer mit einem reinen Denken tätig ist, wenn man Geometrie betreibt, ist man auch mit einem reinen Denken beschäftigt, weil nirgends in der Welt in sinnlicher Form diese geometrischen Gebilde vorhanden sind. Also dasjenige, was man dann denkt, ist dadurch rein, nicht sinnlich, es gibt keine sinnlichen Reste. Wenn man sagt, 1 + 1 ist 2, dann hat man etwas gesagt, was sinnlichkeitsfrei ist. Erst wenn man sagt eine Erbse und noch eine Erbse, das gibt zwei Erbsen - dann ist es nicht sinnlichkeitsfrei. Das ist ein deutliches Beispiel dafür, was reines Denken ist.

Rudolf Steiner sagt, die Menschen verstehen nicht, dass man das auch mit Begriffen tun kann. Man meint, dass man mit allen übrigen logischen Begriffen so denkt, wie man denken würde, wenn man sagt: eine Erbse und noch eine Erbse gibt zwei Erbsen. So denkt man aber wirklich im Begrifflichen, wenn man mit dem Sinnlichen denkt. Aber es gibt auch ein reines Denken, wo die Begriffe nicht mehr die Erbsen dabei haben und dann ganz ohne Erbsen doch ein Denken formen können. Das ist das reine Denken. Aber im Zählen und Rechnen und in der Geometrie haben wir ein Beispiel, da geht es von selbst. Also kennt jeder Mensch das reine Denken sehr wohl. Aber in der logischen Denkbetätigung ist es viel schwieriger, um es zu finden, weil es da fortwährend mit allerlei Sinnlichem verbunden ist.

Wenn man aber ein solches Buch wie *Die Philosophie der Freiheit*, oder auch *Die Mystik...* nimmt, dann bemerkt man schnell, dass man fortwährend nur in reinen Gedanken denkt, denn es ist keine Erbse zu finden, nichts Sinnliches findet man.

Frage: Das ist auch in diesem Buch Die Schöpfung aus dem Nichts[3]*, was wir hier in Zürich vor einem Jahr als Thema hatten, wunderbar beschrieben: diese Punkte im Raum und die Beziehungen. Wenn ich das mache, dann spüre ich richtig, dass man mit einer Vorstellung anfängt, dann aber in ein Denken kommt, was den Begriff ganz anders verwendet, als wenn ich vom sinnlichen Denken ausgehe und mir das erst mal geometrisch vorstelle. Das finde ich eine ganz tolle Beschreibung, also einen tollen Weg.*

Frage: Wenn du sagst, dass man in den Kosmos hineinkommt, aber durch den Körper hindurch muss, ist dann Mystik in gewissem Sinne eine Zwischenstufe? Und wie weit kommt man in den Kosmos rein?

In Rudolf Steiners *Grenzen der Naturerkenntnis* wird der Weg in den Leib hinein als der Weg zur Imagination beschrieben. Man hat die Bildlichkeit im Denken, wenn man sich ganz mit dem Denken in das sinnlichkeitsfreie Gebiet zurückzieht. Dann ist das Denken selbst zuerst noch Bild, aber man hat keine Bilder. Und diese Stufe der Imagination ist für die Geisteswissenschaft eine notwendige Zwischenstufe. Wir können viel leichter inspirativ und intuitiv zum Geist kommen, aber es gibt die Übersetzung vom Geist in die Sprache nicht. Es sind unaussprechliche Erkenntnisse. Und dadurch, dass die Stufe der Imagination dazwischen eingeschaltet ist, hat man die Möglichkeit, um dasjenige, was so innerlich in einem, ja wie soll ich es sagen, Begriff erscheint, der dann aber geistig erfasst wird, um das mehr oder weniger in Bilder auszudehnen. Das tut der Leib für uns. So wie er im gewöhnlichen Bewusstsein als Spiegel funktioniert, so ändert er seine Funktion und ist nicht mehr Spiegel, aber generiert diese Bilder. Das wird sehr deutlich beschrieben in dieser Vortragsreihe – aber immer nicht deutlich genug. Es sind natürlich Vorträge und immer wie-

[3] Mieke Mosmuller, Die Schöpfung aus dem Nichts, Occident 2018.

der bleibt die Sehnsucht: hätte er doch nur noch das oder das gesagt... Das gibt es aber dann nicht und man kann es auch nicht irdisch fragen. Aber es wird beschrieben, dass, wenn man die Sinneseindrücke gedankenfrei in sich aufnimmt und nicht nur so ein bisschen, aber sich ganz damit durchdringt – eigentlich hat Rudolf Steiner bei diesen Metallmeditationen ein Beispiel dafür gegeben, dass man ganz Gold wird, nichts ist mehr ‚ich', alles ist Gold geworden, oder alles ist Eisen geworden – also die Sinneseindrücke ganz wird, die Imagination entsteht. Man denkt nicht: ich sehe grün oder ich sehe eine Rose – man hat absolut keine Gedanken, das ist schon eine Schulung natürlich. Rudolf Steiner gibt das Beispiel, dass man das auch dadurch entwickeln kann, dass man selbst mehr oder weniger Imaginationen formt, also nicht denkt, aber schon eine gewisse Übersetzung in Bilder vornimmt. Die Bilder muss man dann ganz werden. Und dadurch, dass man das tut – also in den Körper mehr oder weniger hineinfühlt – gibt der Körper die Antwort. So kommt dann eine lebendige Erkenntnis des menschlichen Leibes zustande, die dann z. B. in der *Okkulten Physiologie* wieder übersetzt ist in gewöhnliche Sprache und auch in gewöhnliche Bilder. Das ist aber zugleich neue Mystik. Rudolf Steiner bringt die mystischen Erkenntnisse so, dass jeder Mensch sie verstehen kann. Es ist nicht so, wie in den griechischen Sagen und Legenden, worin man auch okkulte Physiologie hat, aber wo diese nicht mehr herauszulesen ist. Die griechischen Sagen sind eigentlich meistens auch körperliche Imaginationen. Man könnte die okkulte Physiologie durch griechische Sagen erkennen, müsste dann aber auch ein imaginatives Vermögen haben, damit man diese Bilder deuten kann.

Frage: Wenn man jetzt nicht denkt, ist das dann reine Anschauung?

Ja, aber man muss das also erst tun, nachdem man mit seinem Denken sich ganz konzentriert hat. Man könnte es auch unmittelbar tun. Dann versenkt man sich in den Leib und vermählt sein Ich mit dem sympathischen, parasympathischen Nervensystem. Dann kommt auch eine Mystik zustande, aber von der Ich-Natur, der luziferischen Ich-Natur, wenn ich es so sagen darf, durchzogen.

Frage: Ist das so, dass wenn man sich in das reine, sinnlichkeitsfreie Denken versetzt und dann gedankenfrei auf die Natur schaut, dass man dann in die Lage kommt, die Gedanken in der Natur zu erkennen?

Ja.

Teilnehmer erneut: Da möchte man jubeln.

Ein Zitat aus Gesamtausgabe 35, Seite 321.

‚Ich lehne für den Bereich der geistigen Erkenntniskräfte jede menschliche Verrichtung ab, die unter das reine Denken herunterführt, und erkenne nur eine solche an, die über dieses reine Denken hinausgeleitet. Ein vermeintliches Erkennen, das nicht in dem reinen Denken eine Art Vorbild anerkennt und das sich nicht im Gebiete derselben Besonnenheit und inneren Klarheit bewegt wie das ideenscharfe Denken, kann nicht in eine wirkliche geistige Welt führen. Durch diese meine Stellung zu den geistigen Erkenntniskräften des Menschen, welche für jedes Erkennen die Gesetzmäßigkeit des reinen Denkens zur Voraussetzung hat, kam ich gegenüber derjenigen Vorstellungsart, die man da und dort Mystik nennt, in eine besondere Lage. Gibt man von der «Mystik» die Definition, sie sei ein Erkennen, durch das der Mensch sein eigenes Wesen mit dem Weltwesen verbunden erlebt, so muß ich diese Definition für diejenige Anschauung in Anspruch nehmen, die ich von dem wahren Erkennen habe. Ich muß sagen: «echte Mystik» kann nur erreicht werden, wenn diejenigen erkenntnistheoretischen Grundlagen anerkannt werden, die ich glaube, erarbeitet zu haben. Blicke ich dagegen auf dasjenige, was oft als Mystik bezeichnet wird und was gerade die Besonnenheit und Klarheit vermeidet, die dem Denkvorgang eignen, dann sehe ich mich genötigt, eine solche Mystik so zu kennzeichnen, wie ich es (S.59 f.) in meinem Buche «Goethes Weltanschauung» getan habe: «Die Mystik geht darauf aus, in der menschlichen Seele den Urgrund der Dinge, die Gottheit zu finden. Der Mystiker ist geradeso wie Goethe davon überzeugt, daß ihm in inneren Erlebnissen das Wesen der Welt offenbar werde. Nur gilt ihm die Versenkung in die Ideenwelt nicht als das innere Erlebnis, auf das es ankommt. Über die klaren Ideen der Vernunft hat er ungefähr dieselbe Ansicht wie Kant. Sie stehen für ihn außerhalb des schaffenden Ganzen der Natur und gehören nur dem menschlichen Verstande an. Der Mystiker sucht deshalb zu den höchsten Erkenntnissen durch Erweckung besonderer Kräfte zu gelangen. Er sucht durch Entwickelung ungewöhnlicher Zustände, zum Beispiel durch Ekstase, zu einem Schauen höherer Art zu gelangen... In eine Welt unklarer Empfindungen und Gefühle versenkt sich der Mystiker; in die klare Ideenwelt versenkt sich Goethe. Die Mystiker verachten die Klarheit der Ideen. Sie halten diese Klarheit für oberflächlich. Sie ahnen nicht, was Menschen empfinden, welche die Gabe haben, sich in die belebte Welt der Ideen zu vertiefen. Es friert den Mystiker, wenn er sich der Ideenwelt hingibt.» Diese so von mir zu kennzeichnende Mystik muß ich weit aus dem Gebiete herausstellen, in dem ich die Erkenntniskräfte suche, welche die geistige Welt erschließen. Diese Mystik treibt das menschliche Seelenleben in einen Bereich, in dem es in größere Abhängigkeit gerät von der menschlichen Organisation, als es im gewöhnlichen sinnlichen Wahrnehmen und in der Verstandestätigkeit ist. Die wahrhaftigen geistigen Erkenntnisfähigkeiten aber führen das Seelenleben in ein Gebiet, in dem ihr größere Unabhängigkeit von der Organisation eignet als im sinnlichen Wahrnehmen und Vorstellen, und das mit dem reinen Denken bereits in der einfachsten Form betreten ist. Mit dem träumerischen, halbbewußten Seelenleben der falschen Mystik hat die Erkenntnistätigkeit, durch die ich die «Geisteswissenschaft» errichtet denke, nichts gemein. Leider verwechseln die Gegner und auch diejenigen, welche Anhänger dieser Geisteswissenschaft sein wollen, diese nur allzu oft mit der falschen Mystik, obwohl diese Verwechslung diejenige einer Sache mit ihrem Gegenteile ist. Wer nicht an Worten klebt und aus Worten willkürliche Entstellungen drechselt, der wird in meinen Schriften überall ersehen, wo ich auf das relativ Berechtigte der Definition der Mystik abziele, und wo ich die Verworrenheiten falscher Mystik ablehne. Wird der Erkenntnisvorgang als Entwickelungserlebnis des Menschenwesens erkannt, dann kann man nicht mehr die Möglichkeit zugeben, durch Begriffe und Ideen von den Wahrnehmungen der Sinne auf eine jenseits aller Bewußtheit liegende Wirklichkeit durch bloße logische Schlussfolgerung oder Aufstellung von Hypothesen hinzuweisen. Von einer über die Sinneswahrnehmungen hinaus liegenden Welt kann dann nur in dem Sinne gesprochen werden, daß eine solche Welt dem «schauenden Bewußtsein» sich so offenbart wie die sinnenfällige Welt der Sinneswahrnehmung.'

Also, das ist, wenn man selbst eine Sehnsucht nach innerlicher Entwicklung hat, dann doch wirklich ein wichtiges Thema, was wir heute haben. Es kommt darauf an, dass wir diese Unterschiede zwischen dem Weg des reinen Denkens, der dann doch letztendlich in die Mystik hineinführt, unterscheiden von einem Weg, der unmittelbar mystisch sein will. Dass man das lieber hätte, das kann man sich vielleicht wohl noch vorstellen, weil, wie ich heute Morgen gesagt habe, das Herz sich natürlich danach sehnt, um sich unmittelbar mit dem Geistigen zu verbinden. Dass dies durch ein so mühsames Emporheben der seelischen Tätigkeit bis in das Geistige hinein hindurch muss, ja, das ist natürlich schwer. Aber andererseits, wie gesagt, gibt gerade diese Erhebung auch ein Jubel.

Frage: Und viel gewaltiger wird es dadurch, dass es dann noch weiter geht, dass Gott sich in mir anschaut. Das hat für mich jetzt eine unglaubliche Dimension gegeben, dass ich nicht nur strebe, dass ich zu meinem Ich komme, sondern dass Er sich in mir erkennt.

Das muss man sich dann vorstellen als den Grund der Erlebnisse. Man ist dann schon wieder ganz in sich zurückgekehrt, eingekehrt und hat das Ich gerade außerhalb gelassen.

Wir finden das in den Beschreibungen der Meditation natürlich auch. Wenn wir lesen, dass wir mit Gedankenkonzentration anfangen sollen, dann sind wir natürlich tätig damit, dass wir uns ganz aus dem Blut herauswinden in das Nervensystem hinein und dann auch noch darüber hinaus. Aber dann kommt die nächste Stufe, dass man nicht mehr auf den Inhalt der Gedanken sich konzentriert, sondern auf die Tätigkeit der Konzentration selbst. Dann lenkt man den Blick mehr zu der eigenen Tätigkeit hin und nicht mehr nach außen in den Inhalt hinein. Da kommt die Umkehr zur Mystik schon zustande, aber man ist es immer noch selbst, der die Tätigkeit ausübt. Auch dieses Bewusstsein der Tätigkeit muss noch ausgelöscht werden und dann behält man nur noch diejenige Quelle – und das könnte man ein Fünklein nennen – woraus das alles gemacht wurde, die das alles, was zuvor so gewaltig stark sich entfaltet hat, hervorgebracht hat. Und erst da finden wir diese Form, wo Gott sich anschaut. Wenn man das mit dem meditativen Weg vergleicht, dann ist diese Stufe erst in der Erkenntnisposition der Intuition erlangt. Alles, was zuvor gemacht wird, ist eigentlich Vorbereitung. Erst da fängt dann der Weg an, wo man zur realen Imagination hinüberkommen kann. Die Vortragsreihe *Makrokosmos und Mikrokosmos* [4], ist eine wichtige Reihe für denjenigen, der die Meditation als Technik kennenlernen möchte. Hier beschreibt Rudolf Steiner im achten Vortrag die Rosenkreuzmeditation. Und in diesem Vortrag wird am deutlichsten beschrieben, dass die Meditation des Rosenkreuzes eine imaginative Betätigung ist. Wenn man sich dann vertieft in die Tätigkeit, die man da ausgeübt hat, dann kommt man in die Inspiration. Und wenn man die auch noch wegtut, dann erlangt man die Intuition. Aber bis dahin war eigentlich alles noch eigene Tätigkeit und nun findet man erst den Punkt, wo diese ganze eigene Tätigkeit ausgelöscht ist. Dann kommt eine neue Imagination zustande und das ist die wirkliche Imagination, die frühere war noch die selbst gemachte Imagination.

Frage: Was du jetzt beschreibst, findet noch außerhalb von dem Leibe statt, denn wir sind von da aus noch nicht zurück in den Leib hinein gegangen. Also man kann dann doch auch zur Intuition kommen und auch zur wirklichen Imagination kommen?

Wenn man das fühlt, was da geschieht, dann kann man sagen, dass in der ersten Stufe der Inspiration, worin man sich auf die eigene Tätigkeit konzentriert, eine Art von Umschau nach dem eigenen Selbst entsteht und die Mystik eigentlich anfängt. Wenn man dann soweit kommt, dass man diese auch noch auslöschen kann, dann erreicht man die Intuition. Die kommt von außerhalb, aber 'außerhalb' bedeutet dann zuerst der Leib.

Frage: Sind das die Throne, die im Willen tätig sind?

[4] Rudolf Steiner, Makrokosmos und Mikrokosmos, GA 119.

Man kann sich vorstellen, dass man zuerst noch in der Intuition des eigenen Wesens ist, und dann sich immer mehr durch die Imagination, die der Leib dann gibt, vertieft, wie Rudolf Steiner das beschreibt in der Anschauung des eigenen Lebenstableaus. Was man in diesem Leben gewesen ist, bringt sich in eine gewaltige imaginative Vorstellung, die muss man auch wiederum ausschalten und man kommt dann wiederum in die Inspiration. Es könnte sein, dass man dann schon so hoch in den Kosmos hinein gekommen ist, dass in der Inspiration die Cherubim sprechen und das dann letztendlich in der Intuition, die dann die Krone ist, die Seraphim zu sprechen anfangen. Aber das wage ich nicht so zu sagen. Auf jeden Fall hat die ganze Willensbetätigung eine Beziehung zu den Thronen.

Frage: Wo fanden die Mystiker das Fünklein? Innen oder außen?

Es ist natürlich nicht so lokalisiert. Wenn man dasjenige, was in der Einführung zur Mystik von Rudolf Steiner steht, versucht nachzutun, mit derjenigen Fähigkeit, die man hat – denn etwas anderes hat man ja nicht – dann findet man, obwohl das Wort nicht verwendet wird, dass da gesprochen wird über den Ausnahmezustand, ähnlich wie in der Philosophie der Freiheit, aber erweitert. Was dort Ausnahmezustand heißt, das heißt hier neuer Sinn. Und diesen neuen Sinn finden wir da, wo wir nicht mehr mit Erkenntnissen der Außenwelt erfüllt sind, sondern, wo wir uns bewusst werden, dass dasjenige, was wir tätig im Erkennen formen, dasjenige ist, was man dann anschaut. Aber zu gleicher Zeit schaut man es nicht nur an, sondern ist eins damit. Also, der Denker ist da mit den Gedanken ganz ein und dasselbe, weil er sie selbst hervorbringt. So erweitert sich diese wichtige Passage in *Die Philosophie der Freiheit*, im dritten Kapitel, dadurch, dass man diese Erfahrung, dieses Erleben erlangt und dann den Anblick des Ausnahmezustandes nach innen lenkt. Da ist man mit seiner eigenen Tätigkeit anschauend eins. Da spricht man überhaupt nicht mehr von innen und außen, denn was außen war, ist innerliche Tätigkeit geworden und was innerliche Tätigkeit geworden ist, das bezieht sich doch auch noch immer auf die Welt. Also da hat man keinen Ort mehr, wo man sich fühlt. Da fängt das Fünklein an.

Einige Mystiker haben scharf unterschieden zwischen Natur und Geist und haben ganz deutlich erlebt, dass dasjenige, was man mit den Sinnen anschaut, dass das also Sinnesanschauung ist und dass das Natur ist. Erst, wenn man zu denken anfängt, leuchtet das Geistige auf. Viele von diesen Anschauungen sind im 19. Jahrhundert wieder aufgeblüht. So gibt es zum Beispiel Troxler, ein Schweizer, der das dann wiederum ganz genau unterscheidet: Wenn man in der Sinnesanschauung lebt, ist man mit seinem Leib ganz in der Natur drin. Wenn man denkt, hat man das geistige Gegenstück zu dieser sinnlichen Erfahrung. Erlebt man das dann, dieses geistige Gegenstück, und erlebt es nicht als Inhalt, sondern als Wesen, das man ist, wenn man denkt, dann kommt man in den Bereich der Verbildlichung hinein. Das würde man dann vielleicht Imagination nennen dürfen. Das ist also ein Mensch, der nicht zur Geisteswissenschaft gekommen ist, aber der doch eingesehen hat, wie die Dinge zusammenhängen, wie man zum Schauen kommen könnte, wenn man solches weiterführen würde.

Aber diese Unterscheidung Natur und Geist, die war bei den Mystikern sehr deutlich da. Sie haben eingesehen, dass wenn man zur Geist-Erfahrung kommen will, man die sinnliche Anschauung ganz hinter sich lassen muss, in allen Aspekten; dass man dann die Gedankenwelt, die man in sich selbst findet, die eine geistige ist, inhaltlich auch noch vergessen muss; und was dann noch übrig bleibt, darin fängt dieses Fünklein zu leuchten an. Man muss jedoch wissen, dass dasjenige, was man da innerlich findet, *eine Tätigkeit* ist und dass man selbst diese Tätigkeit schafft, dass man da in einem Schaffenden darin ist, während man in der Sinnesanschauung etwas sich gegenüber hat, was ganz fertig ist und was *passiv* aufgenommen wird.

Wenn man das immer wieder denkt, dann kann man allmählich auch dazu kommen, das als eine eigene Erfahrung zu haben. Zuerst ist es als Idee natürlich wohl verständlich, aber wenn man sie immer wieder denkt, diese Idee, kommt man natürlich doch dazu, auch in sich selbst zu erleben, was das dann eigentlich ist, dass man seine Erkenntnisse selbst hervorbringt und auch durch und durch weiß, wie diese Erkenntnisse zu einem Ganzen geformt sind und immer wieder werden, wenn etwas Neues hinzukommt. In dieser Tätigkeit, in diesem Bereich, liegt ganz auf den Grund davon, wo sie hervorquillt, hervorleuchtet, dieses Fünklein. Und da ist man eine Form, wo Gott sich selbst anschaut, denn das, was ich an Erkenntnissen hervorbringe, das bringt Er eigentlich hervor.

Frage: Du hast mal gesagt, du könntest manche Dinge auch einfacher ausdrücken, aber das würdest du nicht wollen, weil dann das Wesentliche verloren geht. Ist das der Grund, warum du dieser Formulierung immer wieder verwendest, damit wir selber in dieses Erleben hinein kommen?

Ich selbst habe nicht eine Absicht mit meinen Formulierungen, ich kann es nicht anders sagen. Vielleicht könnte man gewisse Wegabkürzungen machen, aber dann würde man, was man alles unterwegs erfahren hat, nicht erfahren. Rudolf Steiner hat sich aber sehr deutlich darüber geäußert, dass er, was er geschrieben hat, immer so versucht hat zu formulieren, dass, wenn man das mitmacht, man dann selbst in dieses Denken hinein kommt. Ich glaube nicht, dass es absichtlich schwierig gemacht ist. Aber es ist natürlich sehr schwierig, obwohl es ganz einfach ist. Aber was nicht zu zeigen ist, kann man ja nicht zeigen. Und um das dann doch so zu beschreiben, dass, wer es liest, oder hört, es auch verständlich finden kann, das ist doch eine Kunst. Wenn es aber verständlich wird, ist es auch möglich. Das ist das Fundament der Anthroposophie, dass wir können, was wir verstehen. Wir müssen nichts wollen, nichts entwickeln wollen, was wir nicht verstehen.

Jetzt werden wir versuchen *eine Übung* zu tun. Wir können zuerst eine sinnliche Anschauung nehmen und dann später mehr ein gedachtes Objekt.

Zuerst also die Sinnesanschauung – es wird auf ein Bukettchen hingewiesen – dann nach innen dasjenige, was wir als Erkenntnis von dieser Sinnesanschauung haben, was dann natürlich nicht mehr Bild dieser Sinnesanschauung sein darf. Man sieht nicht ein Abbild hiervon, aber man sieht seine Gedanken, die man darüber gehabt hat. Wir versuchen dabei gewahr zu werden, wie dasjenige, was ich innerlich anschaue, zu gleicher Zeit meine Tätigkeit ist. Also zuerst die Sinnesanschauung, dann die Gedanken, die wir darüber haben können. Dann nach innen diese Gedanken anschauen und versuchen so weit zu kommen, dass wir in der Anschauung des Denkens gewahr werden, wie wir selbst diese Gedanken hervorbringen und wie sie unsere Tätigkeit sind.

Es wird meditiert.

Frage: Wenn ich den Gedankeninhalt – der keine Vorstellungen mehr enthält – entferne, dann bleibt etwas. Ist das wie das Anschauen der Gedankentätigkeit?

Was leicht geschieht, ist, dass es doch eine Abbildung bleibt, dass auch die Gedanken, worauf man dann den Blick lenkt, wenn man in sich selbst einkehrt, Abbildungen werden und nicht selbst hervorgebracht werden. Da liegt, glaube ich, der Punkt, wo man aufpassen muss. Und dann ist ein Blumenstrauß eigentlich nicht ein ideales Objekt, weil es sich so gerne abbildet. Wenn man seine Gedanken dann darüber wieder vergegenwärtigen will, kommen natürlich doch immer die Bilder dazwischen. Aber das macht nichts, wenn man nur weiß: Ich habe auch meine Gedanken darüber. Auch die können sich leicht abbilden, statt dass sie sich bewusst entfalten. Also besser ist, wenn wir in zweiter Linie einen denkenden Inhalt nehmen, wo es kein sinnliches Objekt gibt, wo wir schon direkt in dem sinnlichkeitsfreien Denken sind. Wenn wir das dann hervorbringen, ist es deutlicher, dass es eine Tätigkeit ist und dass es nicht ein Abbild ist. Denn wenn es ein Abbild ist, dann kommt man nicht zu dem Punkt. Dann hat man auch mit dem Problem zu tun, was in dem dritten Kapitel der Philosophie der Freiheit die große Frage ist: dass man nicht zu gleicher Zeit tun und anschauen kann. Wenn man es doch so weit bringen kann, wie wir es hoffentlich jetzt versucht haben, dann hat man die Anschauung in der Tätigkeit, die Anschauung und die Tätigkeit sind nicht verschieden. Also man hat dann auch kein Problem, das man einerseits jemand ist, der tätig ist und andererseits jemand sein muss, der anschaut. Wenn das zusammen eins ist, dann hat man das natürlich nicht, dann verfällt die Problematik. Aber dafür muss man mehr oder weniger die Fähigkeit entwickeln, anschauend tätig zu sein. Und das liegt eine Strecke von dem gewöhnlichen alltäglichen Denken weg.

Es kann glaube ich nicht anders sein, dass wenn man hierüber zu denken anfängt, man doch etwas tut. Und dieses Selbst-Denken, das wäre dann das Suchergebnis. Findet man es, dann hat man die Frage nicht mehr, was man eigentlich tun muss. Vielleicht scheint es ein unbedeutendes Etwas zu sein. Aber damit könnte man eine Zeit ringen, dass man dieses Selbst-Hervorbringen der Gedanken und zu gleicher Zeit das Wissen davon, eine Weile betätigt. Das ist, was man damit tun soll. Wir sind auf dem Weg zur Anthroposophie und immer wieder nehme ich das Buch *Philosophie und Anthroposophie* in die Hand und lese wieder. Und jedes Mal sind neue Perlen darin, z. B. auf Seite 177:

> ‚Während nun dasjenige, was der Mensch durch seine Sinne und durch den an die Sinnesbeobachtung sich haltenden Verstand über die Welt wissen kann, «Anthropologie» genannt werden kann, soll dasjenige, was der innere Mensch, der Geistesmensch wissen kann, «Anthroposophie» genannt werden. Anthroposophie ist also das Wissen des Geistesmenschen; und es erstreckt sich dieses Wissen nicht bloß über den Menschen, sondern es ist ein Wissen von allem, was in der geistigen Welt der Geistesmensch so wahrnehmen kann, wie der Sinnesmensch in der Welt das Sinnliche wahrnimmt. Weil dieser andere Mensch, dieser innere Mensch, der Geistesmensch ist, so kann man dasjenige, was er als Wissen erlangt, auch «Geisteswissenschaft» nennen. Und der Name Geisteswissenschaft ist noch weniger neu als der Name Anthroposophie. Er ist nämlich gar nicht einmal selten; und es wäre ein völliges Missverstehen, wenn irgend jemand glauben würde, daß etwa ich, wie gesagt worden ist, oder irgend jemand mir Nahestehender den Namen Geisteswissenschaft geprägt habe. Geisteswissenschaft wird überall da gebraucht, wo man glaubt, ein Wissen erlangen zu können, das nicht bloß Naturwissen, sondern Wissen von etwas Geistigem ist.‘

Und was wir mit der neuen Mystik suchen, ist eine erste Ahnung von dem Geistesmenschen zu bekommen. Wir kennen dieses Wort auch in der Dreigliederung der geistigen Entwicklung: Geistselbst, Lebensgeist, Geistesmensch. Rudolf Steiner meint natürlich nicht plötzlich etwas anderes hier, es ist natürlich nicht so, dass das Wort eine andere Bedeutung hat. Der Geistesmensch ist der verwandelte physische Mensch. Die wirkliche Anthroposophie ist eine Erkenntnis des Geistesmenschen und man kann erleben, dass wenn man hier mit der Philosophie der Freiheit und dann mit dem Übergang zur Mystik tätig ist, man sich mehr oder weniger dahin umwendet, wo der physische Leib letztendlich vergeistigt erscheint, ganz in der Zukunft, als Neues Jerusalem, aber jetzt schon als ein Erkenntnisorgan. Das kann man spüren, wenn man mit der Mystik arbeitet, mit dieser Folge der Stufen im Erkennen.

DRITTE STUNDE

Zürich, 6. April 2019

Meister Eckhart:

‚Hier sollst du wissen, daß die Meister sprechen, daß an einem jeden Menschen zweierlei Menschen sind: der eine heißt der äußere Mensch, das ist die Sinnlichkeit; dem Menschen dienen fünf Sinne, und er wirkt doch durch die Kraft der Seele. Der andere Mensch heißt der innere Mensch, das ist des Menschen Inneres. Nun sollst du wissen, daß ein jeder Mensch, der Gott liebt, die Kräfte der Seele in dem äußeren Menschen nicht mehr gebraucht, als die fünf Sinne zur Not bedürfen; und das Innere kehrt sich nicht zu den fünf Sinnen, als nur insofern es der Weiser und Leiter der fünf Sinne ist und sie hütet, damit sie nicht ihrem Streben nach der Tierheit frönen.‘[5]

Das ist in einigen Sätzen der Schritt zur Mystik, was hier geschrieben steht. Das können wir versuchen, in einer Übung, oder eigentlich in der Übung von heute Morgen, die wir dann wiederholen, mehr präzise nachzutun. Denken wir an die Übung von heute Morgen. Wir haben das Objekt angeschaut, uns darüber Gedanken gebildet und dann haben wir uns in unserem Innern zurückgezogen und dort die Tätigkeit der Gedankenbildung angeschaut und versucht, in dieser Tätigkeit gewahr zu werden, dass es die *eigene* Tätigkeit ist und dass das etwas ganz anders ist, wenn man *das* anschaut, als wenn man die äußere fertige Natur anschaut.

Meister Eckhart sagt:

‚Hier sollst du wissen, daß die Meister sprechen, daß an einem jeden Menschen zweierlei Menschen sind: der eine heißt der äußere Mensch, das ist die Sinnlichkeit.‘

---

[5] Rudolf Steiner, Die Mystik im Aufgange des neuzeitlichen Geisteslebens, GA 7, S. 42

Das heißt, wir können, bevor wir unsere Sinnes-Anschauung einsetzen, uns bewusst werden: das ist die Sinnlichkeit! Wenn ich sinnlich anschaue, dann tue ich das mit meiner Sinnlichkeit.

Dem Menschen dienen fünf Sinne

Wir kennen zwölf, durch Rudolf Steiner.

‚Und er wirkt doch durch die Kraft der Seele. Der andere Mensch heißt der innere Mensch, das ist des Menschen Inneres.'

Also, wir können versuchen, wenn wir dann unsere Aufmerksamkeit zu der gedankenformenden Tätigkeit hinlenken, die Anschauung nach dem Inneren des Menschen zu verlegen.

‚Nun sollst du wissen, daß ein jeder Mensch, der Gott liebt, die Kräfte der Seele in dem äußeren Menschen nicht mehr gebraucht, als die fünf Sinne zur Not bedürfen; und das Innere kehrt sich nicht zu den fünf Sinnen, als nur insofern es der Weiser und Leiter der fünf Sinne ist und sie hütet, damit sie nicht ihrem Streben nach der Tierheit frönen.'

Wir können anhand eines solchen Texts versuchen, die Übung, die wir heute Morgen gemacht haben, weiter zu verfeinern. Eine Unterscheidung in der Bewusstwerdung kommt dazu, dass es einen äußerlichen Menschen gibt, der mit der Sinnlichkeit zu tun hat und einen innerlichen Menschen, der mit der Gedankenbildung zu tun hat. Und dass jeder Mensch, der Gott liebt, sich nicht *mehr* von seinem innerlichen Menschen zu den Sinnen kehrt, als was diese zur Not brauchen. Dass dieser innere Mensch viel mehr die Aufgabe hat, die Beherrschung zu entwickeln.

Wir können versuchen, mehr bewusst zu werden wie wir im Innern tätig sind und dann weitergehen, um die Aktivität des Denkens, die Tätigkeit, gewahr zu werden. Der innerliche Mensch ist fortwährend schaffend tätig, während die äußere Welt sich ganz fertig darbietet.

Es wird meditiert.

Die Frage ist also nach dem Unterschied zwischen Sinnestätigkeit und Denktätigkeit, zwischen äußerem und innerem Menschen. Wir versuchten, den inneren Menschen in der Entfaltung der Denktätigkeit anzuschauen.

Bemerkung: Es war ja die Frage, dass der innere Mensch das sich Verlieren des äußeren Menschen im Sinnlichen beherrschen soll. Und da ist mir aufgefallen, dass wenn dann das Innere sich auf das Äußere bezieht, also dass ich äußerlich das Äußere beherrschen will, dass das gar nicht geht. Ich spüre, dass es im inneren Menschen eine Kraft gibt, die zwar im inneren Menschen erscheint, aber nicht urständet. Also es scheint, dass es einen Raum gibt, in dem dieser innere Mensch seine Kräfte bekommt, aber er bekommt sie dadurch, dass er in einem Raum ist und der Raum ist, man kann nicht sagen im Innern, im Innern erscheint nur der innere Mensch. Aber der Raum, in dem der Mensch erscheint, ist nicht ein Innenraum.

Ja ich selbst würde sagen, dass es nicht innen und außen mehr gibt und dass das eigentlich gar nicht mehr die Frage ist ... ich meine, man fängt natürlich mit außen und innen an, weil man nach innen blicken will. Aber wenn man das einmal tut und dann diese Aktivität der Gedankenbildung mit sich vereinigt erlebt, dann ist kein Raum mehr da, kein innen und auch kein außen. Dann ist es eine Tätigkeit und wenn noch etwas da ist, dann ist die Zeit noch da. Aber der Raum ist nicht mehr erlebbar. Und damit nicht innen und außen.

Teilnehmer erneut: Es gibt trotzdem noch etwas Inneres, das als Inneres zunächst erlebt wird und dann ist doch erlebbar, dass dieses Innere nicht durch sich besteht. Also es besteht durch etwas Weiteres, das könnte ein Keim oder eine Hülle sein, das ist mir nicht klar, es ist vielleicht beides, Keim und Hülle. Und deshalb die Formulierung Raum, weil sowohl Hülle, wie Keim … Keim mehr vom Inneren, Hülle mehr vom Äußeren doch etwas wie einen Raumaspekt hat.

Es gibt natürlich viele Quellen um das weiter zu verdeutlichen. *Philosophie der Freiheit* zum Beispiel, Seite 46:

‚Für jeden aber, der die Fähigkeit hat, das Denken zu beobachten - und bei gutem Willen hat sie jeder normal organisierte Mensch -, ist diese Beobachtung die allerwichtigste, die er machen kann. Denn er beobachtet etwas, dessen Hervorbringer er selbst ist; er sieht sich nicht einem zunächst fremden Gegenstande, sondern seiner eigenen Tätigkeit gegenüber. Er weiß, wie das zustande kommt, was er beobachtet. Er durchschaut die Verhältnisse und Beziehungen. Es ist ein fester Punkt gewonnen, von dem aus man mit begründeter Hoffnung nach der Erklärung der übrigen Welterscheinungen suchen kann.‘

Dem geht natürlich eine ganze Auseinandersetzung voraus. Dies ist dann eigentlich eine Art von Schlussakkord, bevor es wieder weiter geht, worin ganz deutlich gezeigt wird, dass bei gutem Willen der normal organisierte Mensch sein Denken beobachten kann und dass er dann etwas beobachtet*, dessen Hervorbringer er selbst ist. Er steht nicht einem fremden Gegenstand, sondern seiner eigenen Tätigkeit gegenüber. Er weiss, wie das zustande kommt, was er beobachtet, er durchschaut die Verhältnisse und Beziehungen.*

Das ist zuerst so, dass wenn man sich rein auf das Denken einlässt, man ganz genau wissen kann: Ich bin derjenige, der die Gedanken hervorbringt, das ist das eine. Und das andere ist: Ich kenne auch die Technik, ich weiß wie das gemacht wird, wie ich das tue. Es ist natürlich, wenn man *Die Philosophie der Freiheit* zu lesen anfängt, noch nicht so unmittelbar deutlich, was da gemeint wird. Aber wenn man dies immer wieder und wieder gemacht hat und immer wieder die vorangehenden Auseinandersetzungen (z. B. in *Wahrheit und Wissenschaft*) kennt, dann versteht man allmählich wohl, was da gemeint wird, wenn gesagt wird, man beobachtet etwas, dessen Hervorbringer man selbst ist. Das kann man allmählich immer besser und besser erleben lernen, dass man selbst diese Gedanken über das Bukettchen, oder über einen philosophischen Gegenstand, das geht auch, wenn man die überdenkt, dass man die Gedanken selbst hervorbringt. Man muss schon auch die Technik des Denkens beherrschen und kennen, um etwas sinnvolles Denken zu können, sonst würde das nicht sinnvoll sein, was man denken würde. Vor diesem Absatz auf S. 46 in der *Philosophie der Freiheit* steht das Beispiel mit dem Blitz und dem Donner. Rudolf Steiner sagt, ich weiß wie der Blitz mit dem Donner im Verhältnis steht, und es macht nichts aus, ob ich das Verhältnis richtig durchschaue. Also, ich kann auch ganz falsche Zusammenhänge denken, also nicht die Wahrheit. Aber das tue ich dann doch mit dem richtigen Denken. Das Denken an sich ist richtig, aber ich verwende es falsch. Und das ist etwas Wunderbares, das dies hier gezeigt wird, dass man wirklich seine Denktechnik zwar ganz beherrscht - denn sonst könnte man auch seine Fehler nicht richtig stellen - dass man diese Fehler aber trotzdem macht.

Und dann ist man immer noch nicht bei dem Punkt angelangt, wo man sagen könnte, wenn ich das tue, dann kommt das aus einer noch tieferen Quelle. Das kommt nicht mehr aus dem Innenraum, sondern von etwas, was nicht mein inneres Ich ist. Es ist wichtig, bei diesem Punkt der Selbsterkenntnis innezuhalten, dass ich das Denken selbst hervorbringe und dass ich die Beziehungen und die Technik kenne.

Es geht vorzüglich über das Denken, das man selbst will, denn die Gedanken, die einfach kommen und wo ich nicht betätigt bin, darüber geht es nicht. Rudolf Steiner hat natürlich auch - vielleicht kennen sie die Vorträge über die zwölf Weltanschauungen - darüber gesprochen, dass eigentlich kaum gedacht wird. Menschen meinen, dass sie denken, sie denken jedoch gar nicht, sie *haben Gedanken.* Was wir an Gedanken haben ist etwas, was sich mehr oder weniger fertig an uns darbietet. Wenn wir den Impuls fassen, um solche Gedanken haben zu wollen, dass wir sie wirklich selbst hervorbringen, dann sind wir mit der Philosophie der Freiheit und mit der Weiterführung in die Mystik beschäftigt. Hier scheint es, als ob alle Menschen denken, das ist vielleicht noch ein Anfangsoptimismus von Rudolf Steiner gewesen. Aber in diesen Vorträgen über die Weltanschauungen, sagt er, dass die Menschen nur selten denken, sie lassen sich im Denken führen. Mit *Willen* denken, damit muss man einfach einmal anfangen. Da liegt dann wohl auch der Anfang der Geisteswissenschaft. Denn die Geisteswissenschaft denkt letztendlich sich selbst in mir und ich muss auch da dabei sein, wenn etwas zustande kommen soll. Ich muss so aktiv geworden sein, dass das Denken sich aus der Leiblichkeit losgelöst hat, sonst denkt immer der Leib.

Die Schwierigkeit ist, dass wir diesen Punkt eigentlich suchen. Wir können viele Themen nehmen, aber für mich wird es immer so sein, welches Thema man auch wählt, dass es doch wiederum zu diesem Punkt hin führt, weil es Anthroposophie ist. Man kommt immer wieder zu diesem Punkt: *Hervorbringen des Denkens.* Und Mystik führt das weiter. Es gibt auch eine Mystik, die davor liegt und das ist, was Rudolf Steiner die falsche Mystik nennt, weil da nicht dieser Willenseinsatz im Denken gewollt wird.

So gibt es z.B. nach dem Brand des Goetheanum Vorträge, die im Januar, Februar und März gehalten worden sind. Wie Rudolf Steiner da spricht ist erschütternd. Er weist sehr stark darauf hin, dass gerade dieses Wollen des Denkens nicht gemacht wird und dass es auch nicht gewollt wird, dass es die größten Widerstände aufruft, weil die Menschen eigentlich schlafen wollen, und wenn sie wach sind noch immer weiter schlafen wollen. Es kostet so viel Mühe, um sich im Innern zu erwecken und dann wach zu bleiben. Es ist deutlich, dass er das mit der Katastrophe in Verbindung bringt, dass die Anthroposophen einfach weiter geduselt haben. Dadurch, dass wir intellektuell denken, trägt diese Intellektualität immer weniger und weniger Wille in sich. Und wenn nicht Menschen da sind, die einsehen, dass sie mit Willen denken lernen sollen, dann bricht man den Weg zur Zukunft ab, denn die Zukunft fragt darum, dass der Wille wiederum in das Bewusstsein hinein entfaltet wird, und dann wieder zurück geführt wird, sodass das Denken in den Willen hinein geleitet wird.

Wenn man einmal auf dem Weg gegangen ist und erfährt, wie das wirkt, wenn man als Mensch den Willen in das Denken hinein bringt, ja dann ist es nicht mehr schwierig, dann hat man das auch nicht mehr, dass man denkt, ich will eigentlich weiter schlafen, denn dann wird es deutlich, dass dieses Schlafen eigentlich die Ursache von allem Leid im Leben ist und auch von aller Ermüdung, dass man so abgebaut ist, am Ende des Tages. Man wird auch selbst gesünder, kräftiger, optimistischer usw. Wenn der Wille in das Denken hinein gebracht wird, dann wird in diesem Gebiet, wo die Ursache liegt, dass wir so abgebaut werden, die Auferstehungskraft hineingebracht und dann spürt man immer mehr und mehr, wie sehr das nicht nur eine bewusstseinserweckende Kraft ist, aber auch eine letztendlich leiblich erweckende Kraft wird. Das sucht doch jeder Mensch? Aber er sucht nicht da, wo die Quelle liegt. Man denkt, dass man in ein Hotel zur Wellness gehen muss - und das kann natürlich auch wohl erfrischend sein - aber da schläft man natürlich weiter ein und wird nicht mehr wach.

Aber es gibt einen Übergang vom innerlichen Schaffen zu dem Geschaffen-werden. Im Kapitel über Meister Eckhart schreibt Rudolf Steiner:

‚Die durch den inneren Sinn vermittelte Erleuchtung ist, nach Eckharts Anschauung, der Einzug Gottes in die Seele. Er nennt das Licht der Erkenntnis, das durch diesen Einzug aufflackert, das «Fünklein der Seele». Die Stelle des menschlichen Innern, an der dieses «Fünklein» aufleuchtet, ist «so lauter, und so hoch, und so edel in sich selber, daß darin keine Kreatur sein mag, sondern nur Gott allein wohnt darin mit seiner bloßen göttlichen Natur». Wer dieses «Fünklein» in sich hat aufgehen lassen, der sieht nicht mehr bloß so, wie der Mensch mit den äußeren Sinnen sieht, und mit dem logischen Verstande, der die Eindrücke der Sinne ordnet und klassifiziert, sondern er sieht, wie die Dinge an sich sind. Die äußeren Sinne und der ordnende Verstand sondern den einzelnen Menschen von den anderen Dingen ab; sie machen ihn zu einem Individuum im Raum und in der Zeit, das auch die anderen Dinge im Raum und in der Zeit wahrnimmt. Der von dem «Fünklein» erleuchtete Mensch hört auf, ein Einzelwesen zu sein. Er vernichtet seine Absonderung. Alles, was den Unterschied zwischen ihm und den Dingen bewirkt, hört auf. Daß er als Einzelwesen, es ist, der wahrnimmt, kommt gar nicht mehr in Betracht. Die Dinge und er sind nicht mehr geschieden. Die Dinge und somit auch Gott sehen sich in ihm.'

In Worten von Meister Eckhart ‚dies Fünklein':[6]

‚Dies Fünklein, das ist Gott, also, daß es ist ein einig Ein, und das Bild in sich trägt aller Kreaturen, Bild ohne Bild, und Bild über Bild.'

Mit den herrlichsten Worten spricht Meister Eckhart die Auslöschung des Einzelwesens aus:

‚Es ist daher zu wissen, daß das Eines ist nach den Dingen, Gott erkennen und von Gott erkannt zu sein. In dem erkennen wir Gott und sehen, daß er uns macht sehend und erkennend. Und wie die Luft, die erleuchtet, nichts anderes ist, als was sie erleuchtet; denn davon leuchtet sie, daß sie erleuchtet ist: also erkennen wir, daß wir erkannt sind und daß er uns sich machet erkennend.'

Man spürt den Übergang vom Innenraum, wo ich der Schaffende bin, zu dem *Geschaffenwerden*, wo ich der Erkennende bin, zu dem *Erkanntwerden*, es ist der Übergang von der Erkenntnis zur Mystik. Aber man sollte, davon bin ich wirklich ganz überzeugt, nicht meinen, dass man diese Stufe erreichen sollte, bevor man sich selbst als *Denktätige* angeschaut, erkannt und durchschaut hat. Also das muss doch zuerst geschehen. Aber die Mystik ist natürlich viel lieblicher, das ist, was wir eigentlich suchen und die Erkenntnisseite ist strenges Denk-Exerzitium. Aber dahinter liegt diese Vertiefung der Erkenntnis, die in dasjenige hineinführt, was bei Rudolf Steiner auch immer wieder zu finden ist, wenn er sagt, man muss nicht meinen, dass man die geistige Welt anschaut, wenn man erleuchtet, eingeweiht ist, sondern man muss wissen, *man wird angeschaut*. Und *durch* diese Anschauung ist man hellsichtig. Man schaut nicht aus einem Mittelpunkt in eine geistige Welt hinein, die voller Wesen und Tatsachen ist, sondern diese Wesen und Tatsachen schauen auf uns. Und dadurch, dass sie mich schauen, weiß ich, was in der geistigen Welt vorgeht. Das finden wir dann in diesem Buch viele Male wieder, wenn gesagt wird, ich bin die Form, in der Gott sich selbst anschaut.

[6] Ebd. S. 47.

Frage: Man hat dann die Idee, dass das die Intuition ist, dass man ganz darin aufgenommen ist, man ist dann die geistige Welt, die geistige Welt schaut einen an. Aber dann kann man inspirativ auch noch in dieser Weise erfahren. Letztendlich aber muss man doch etwas von Imagination oder man muss Bilder bekommen, aber die verlaufen dann auch innerlich, es ist dann auch eine innerliche Imagination. Ist man selber diese Imagination, dann wird es erklärbar?

Eines ist Gott erkennen und von Gott erkannt zu sein.

In 1915 hat Rudolf Steiner - anlässlich bestimmer Schwierigkeiten in der Gesellschaft - eine Reihe von Vorträgen über die Anthroposophische Gesellschaft gehalten und interessant ist, dass er auch über Freud spricht, es hat natürlich etwas mit dem Streit zu tun, aber er spricht dann auch über Swedenborg. Er führt aus, was dieser Mann alles konnte, er war ein großer Wissenschaftler und ist, nachdem er das Wissen seiner Zeit in sich aufgenommen hatte, zur Hellsichtigkeit gekommen. Aber es gab eine Grenze für ihn, er kam über eine gewisse Stufe nicht hinaus, konnte dadurch auch die Welt der Hierarchien nicht erkennen. Rudolf Steiner sagt, der Mann ist zu dieser Hellsichtigkeit gekommen dadurch, dass er von aller erotischen und sexuellen Tätigkeit abgesehen hat, er hat eine Askese auf diesem Gebiet durchgeführt, mutwillig, und hat dadurch Kräfte in sich losgelöst, wodurch er hellsichtig geworden ist. Aber was ihm fehlte war, dass er sich geistig anschauen lassen konnte. Er konnte wohl bis an einen gewissen Punkt von sich aus hellsichtig wahrnehmen, aber er wusste nicht von dieser Notwendigkeit, dass, wenn man die geistige Welt wirklich kennenlernen möchte, man sich anschauen lassen muss. Das sind solche Stellen, wo man findet, dass Rudolf Steiner viele Jahre später (1915), als er das hier (1902) geschrieben hat, noch immer dieses Angeschaut werden als eine notwendige Umstülpung sieht. Es ist wichtig, dass man versucht, sich dies zuerst als eine Idee vorzustellen.

Bemerkung: Es schützt doch auch vor dem Hochmut. Der Hochmut kann sich unbewusst steigern, wenn ich nur tue, tue, tue, tue und meine, ich kann das Ziel durch eigene Kräfte erreichen.

Aber, wenn der Mensch dies alles tun möchte mit einer Seelenverfassung, die die gewöhnliche ist, dann würde es zu nichts führen, oder zu Visionen, die mit dem leiblichen Tun zu tun haben und nicht mit einer geistigen Welt. Diese Meister im Mittelalter haben noch sehr viel Wissen gehabt, wie weit die Selbsterziehung gehen muss, wenn man sich so stellen will, dass man würdig wird, um sich durch Gott anschauen zu lassen. Es steht hier auch, *es muss ein Punkt sein, der ist so lauter, so hoch und so edel in sich selbst, dass darin keine Kreatur sein mag, sondern nur Gott allein wohnt darin, mit seiner bloßen göttlichen Natur.*

Wir können nochmal zurückgehen zu einem Anfang und den Begriff des Kreises denken, so, dass wir von aller Sinnlichkeit absehen und nur den Begriff denken.

Ein Kreis ist die Versammlung aller Punkte, die einen gleichen Abstand haben zu einem Punkt in der Ebene.

Lasst uns noch mal diesen Begriff mit so viel Einsatz, wie wir aufbringen können, denken, denn es ist natürlich ein Begriff, der nicht viel Spannung liefert, wir müssen die Anspannung selbst aufbringen, die Gefühle, dass es schön ist, diesen Begriff zu formen. Das tun wir und wir achten dann darauf, dass wir den Begriff *selbst hervorbringen* und dass wir die Beziehungen und Zusammenhänge und die Technik, mit der wir diesen Begriff denken, durchschauen. Dann können wir es noch einmal tun, um dann gewahr zu werden: Ich denke.

Es wird meditiert.

Teilnehmer: Es fällt mir auf, dass ich den Kreis als Prinzip so denke, dass ich dann gegenüber dem Kreis als Vorstellung total frei werde. Hingegen erlebe ich beim Denken dann doch im Moment, wo ich dann zu beobachten versuche, wie ich den Kreis denke, empfinde ich es als schmerzhaft, dass ich so gebunden bin, an dieses Kreisdenken und möchte eigentlich freier sein. Zunächst ist es die Vorstellung, von der ich mich versuche zu lösen, sodass ich wirklich den Kreis denke, das Prinzip, dann erlebe ich oder schaue ich an, wie ich den Kreis denke als Prinzip. Und dann erlebe ich als nächste Stufe, dass da die Unzufriedenheit ist, dass er in dem Gefäng-

nis des Kreisdenkens ist, das kommt als zusätzliche Ebene hinzu und wie er dann das Bedürfnis hat, sich zu fragen, wie kann ich das Kreisdenken lösen und trotzdem als Prinzip beibehalten. Also dass ich z.B. als Möglichkeit sage, ja wer sagt mir, dass derselbe Abstand in der Ebene sein soll, es könnte auch auf einer Geraden sein, oder es könnte auch in dem Raum sein. Aber wie könnte ich in eine Qualität kommen, wo ich den gleichen Abstand habe, aber nicht im Räumlichen, sondern als Qualität. Dann wäre das Stärkere weiter weg, damit das Nähere, das Schwächere näher dran ist, dann wäre es trotzdem Äquidistant, also als Möglichkeiten... Hier ist eine Denkkraft aktiv, die hinter das vorgegebene Prinzip geht, um die Qualität dieses Prinzips zu erleben. Aber, damit das möglich ist, muss irgendwo - vielleicht ist es, was früher als Wille angesprochen wurde - eine Kraft da sein, die das überhaupt will, eine Kraft, die zunächst beobachten will, die dann das Empfinden des Beobachtens durchdringen will, es geht immer weiter zurück, aber es ist dann immer dieselbe Kraft. Irgendwo habe ich mich gefragt, ob dieses Krafterlebnis, oder dieses in diesem Willenselement darin sein, ob das nicht eigentlich auch dieses Lichtlein ist ... schon sehr klein, denn es verschwindet immer wieder.

Ja. Wenn wir das bei Rudolf Steiner finden, diesen, was Sie sagen, diesen Willen, der Kraft ist, dann - er beschreibt es am deutlichsten in den verschiedenen Aufsätzen in *Philosophie und Anthroposophie* [7],- fällt die Einheit auch wiederum in eine Zweiheit, aber bleibt auch eine Einheit, dass einerseits der Wille in dem Denken aktiv ist und fortwährend allerlei tut, was dann erkenntnisdurchdrungen ist, nicht blind. Der Wille ist fortwährend im Denken tätig, das ist das eine. Das andere ist, dass der Wille auch ganz genau weiß, wie er vorgehen muss, um all diese verschiedenen Prozesse in Gang zu setzen, natürlich ganz klein und ungewohnt, aber er weiß es doch. Wenn ich sage, lasst uns eine Konzentrationsübung machen, dann muss der Wille das mit dem Denken tun und er scheint zu wissen, wie das gemacht wird. Dieser Aspekt des Willens, der scheinbar ein Bewusstsein hat, weiß genau, wie er es tun soll. Wenn das Wissen willenshaft ist, dann hat das Wissen Wille. Aber hier hat der Wille ein Bewusstsein. Die-

[7] GA 35.

ses wird von Rudolf Steiner dann das *Bewusstseinswesen* genannt. Er beschreibt das als, ja eigentlich als den letzten Ausläufer der geistigen Welt. Wenn man weiter darin durchdringen kann oder darin zugelassen werden kann, dann ist man mit seinem übersinnlichen Selbstbewusstsein in der geistigen Welt bewusst darin und das wird in der Mystik tatsächlich dieses Fünklein genannt. Wo Meister Eckhart über ein Fünklein spricht, spürt man die Ähnlichkeit mit demjenigen, was dann von Rudolf Steiner beschrieben wird als das Bewusstseinswesen, das der Wille mit Bewusstsein ist. Nicht schlafender Wille, nicht Wille, der tut, aber nicht weiß, aber Wille, der zu gleicher Zeit Wissen ist.

Der Wille, der in der Selbsterziehung und in allen Lernprozessen unbewusst tätig ist. Wenn ich mir eine Selbsterziehungs vorsetze, zum Beispiel, dass ich sage, ich will eine Charaktereigenschaft umwandeln, dann kann ich das tun. Aber dass diese Selbsterziehung mich auch wirklich verwandelt, das geht natürlich noch immer unbewusst vor. Dieses unbewusste Willenswesen wird dann immer mehr bewusst *und das ist die geistige Welt.* Hier wird es dann so schön bildhaft ausgedrückt durch *Fünklein.*

Wenn man das wiederum vergleicht mit den sieben Bewusstseinsstufen, die man mit Metallen erlangen kann[8], dann findet man da auch eine Vertiefung. Zuerst findet man den Anfang des mystischen Bewusstseins in Kupfer, wodurch man eine Einsicht bekommt in die elementarische Welt und auch in die Welt der Gestorbenen. Wenn man dann weiter geht und sich vertieft in Quecksilber und man kann dies wirklich ‚werden', dann führt dieses Bewusstsein etwas weiter in die leiblichen Prozesse hinein. Aber diese leiblichen Prozesse sind zu gleicher Zeit auch Gestaltungen, die aus dem Vorgeburtlichen kommen. Alles, was im menschlichen Leib Säftekreislauf ist, verweist nach dem Vorgeburtlichen. Wenn man da hineinkommt, dann kommen Eindrücke aus dem Vorgeburtlichen. Und man nähert sich noch mehr bewusst diesem Bewusstseinswesen. Dass es voll bewusst erscheint, tritt erst auf, wenn man ein Bewusstsein von seiner ewigen Individua-

[8] Rudolf Steiner, das Initiatenbewusstsein, Torquay 1924, GA 243.

lität bekommt, die durch alle Inkarnationen hindurch geht. Und dieses findet man, wenn man die Fähigkeiten erlangt, um wirklich ganz Silber zu werden, dann geht die Erkenntnis des Leibes weiter, sodass man sich ganz mit der geistigen Seite des Blutes eins weiß. Dies bedeutet, dass man weiß, wer das ist, der dieses Blut führt. Und das ist die Individualität, die durch alle Inkarnationen hindurch geht. Die lebt übersinnlich in dem Blut. Und in diesem Gebiet ist man, wenn man - und das ist natürlich zuerst als Fünklein, nicht so groß ausgestaltet, wie ich es jetzt beschreibe, aber als Fünklein ist es - ein Bewusstsein davon bekommt, wie der Wille wissend wollen kann, während im Denken das Wissen Wille wird.

Das ist ein Beispiel oder eine Möglichkeit. Es geht daraus hervor, dass es sehr anregend ist, um weiterzuarbeiten. Es gibt natürlich auch andere Beschreibungen, wie man letztendlich dazu kommt, das Vorgeburtliche zu durchleben und dann weiter zurück bis in die vorherige Inkarnation, weiter und immer weiter zurückzukommen. Aber die erste schwache Ankündigung liegt schon in diesem Moment, dass man bewusst wird, dass man will - und dass dieses Wollen etwas Geistiges ist und der geistige Wille auch klar und hell wissend ist, nicht blind.

Aber hier sind wir natürlich noch immer ‚eigenwillig', könnte man sagen. Wir müssen so anfangen, aber man fühlt zu gleicher Zeit, dass das so nicht bleiben kann, dass man in der geistigen Welt nicht mit Eigenwillen zugelassen wird. Es muss noch etwas mit sich selbst gemacht werden, damit ein Einlass möglich wird.

Was wir tun können, ist zuerst noch mal diese Kreisübung tun, wenn es auch sicher eine Art von Gefängnis ist. Wenn wir das gemacht haben, können wir zu dem Punkt, wo ich mir vornehme, den Kreisbegriff zu denken, aber noch nicht angefangen habe ihn zu denken, aber dass ich schon weiß, was ich denken will, zurückgehen. Das muss wohl so sein, dass ich, wenn ich das Denken in Gang bringe, um den Kreisbegriff zu denken, dass ich dann, bevor ich das in Gang gesetzt habe, schon weiß, was ich denken will, sonst kann ich das überhaupt nicht tun. Und das ist der Augenblick, der am meisten verschlafen wird, das in Gang bringen wird verschlafen, aber der weiterliegende Punkt wird noch mehr verschlafen, nämlich, dass ich so in dem Denken zu Hause bin. Wenn ich das Denken in Gang bringe, habe ich schon ein Wissen, was ich denken will. Wenn man da verweilen könnte - es ist natürlich sehr schwierig, weil es da noch nichts gibt - aber wenn man da verweilen könnte, dann würde man aus dem Gefängnis raus sein, weil in diesem Moment noch alles möglich ist. Ich kann da den Kreisbegriff denken wollen, aber ich habe es noch nicht gemacht, also ich habe da noch alle Möglichkeiten.

Wir denken also den Kreisbegriff noch nicht, wir wollen ihn denken, aber vorerst wollen wir zurückhalten, bevor dieser Übertritt über die Schwelle nach dem Offenbarwerden des Denkens stattfindet.

Es wird meditiert.

Frage: Ich finde es interessant, man muss die Begriffe richtig begriffen haben, wenn man den Kreis denken will. Und wenn man dann noch den Willen ins Denken bringt, dann begreift man ihn noch mehr. Wenn man so stark denkt, den Willen so stark in das Denken bringt, dann hat man noch keine Vorstellung, keine sinnliche Vorstellung und es erstaunt mich, dass man dann trotzdem einen Sinn hat im ganzen Satz und wie kommt dieser Sinn zustande?

Frage: Ich hatte ein ähnliches Problem, bei mir kommt der Begriff ‚Verstehen' auf. Wenn ich nicht weiß, was Abstand ist, wenn ich das nicht verstehe, wenn ich nicht weiß, was eine Menge von Punkten ist, wenn ich das nicht verstehe, dann kann ich damit nichts anfangen. Das heißt, das Verstehen muss ein größeres Verstehen werden, nämlich damit ich den Kreis bilden kann. Die Frage ist: ist dieses Verstehen jetzt lebendiges Denken oder ist das ein gewöhnlicher Prozess? Ich meine, jedes Denken muss ja verstanden sein. Ich habe immer das Gefühl, zunächst muss es verstanden sein, dann kann ich denken.

Man kann auch sagen, man denkt, um zu verstehen. Wenn etwas kompliziert ist, dann fängt man an zu suchen, wie die Zusammenhänge sind und dieses Suchen könnte man auch Denken nennen. Und wenn man verstanden hat, dann ist der Begriff durch das Denken da. Aber gerade dieses Verstehen, das wird von Rudolf Steiner gemeint, wenn er sagt, man durchschaut die Zusammenhänge. Wenn man die nicht durchschaut, dann versteht man nicht, suchen kann man natürlich doch...

Teilnehmer: Der Begriff Abstand zum Beispiel... den muss ich direkt verstehen können. Ich finde immer, dass dieses Wort ‚Verstehen' hilfreich ist. Wenn man fragt, wer versteht denn da, dann kommt dieser Rückbezug auf das Ich.

Rudolf Steiner deutet sicher darauf hin, dass in dem denkenden Verstehen eine ganze Welt ruht, die ganz durchschaut ist.

Wenn wir eine Meditation machen, mit einem Inhalt, der nicht unmittelbar zu verstehen ist, dann denkt man diesen Inhalt doch und durch die Meditation fragt man eigentlich die geistige Welt um Verständnis. Man kann das dann aus eigener Kraft nicht so, wie man das mit dem Kreisbegriff kann und setzt das Denken ein, was nicht ein vollkommenes Verstehen ist, aber teilweise natürlich doch. Denn man weiß, was man sagt, versteht es nicht ganz, aber das ist gerade das wirksame in der Meditation, dass man es nicht ganz versteht und dann verweilen muss bei etwas, was man nicht ganz versteht.

Bemerkung: Wenn ich ins Kreisdenken hineingehe und dann mich zurückziehe aus dem Kreisdenken, dann frag ich mich, woher hab ich die Gewissheit, dass es ein Kreis ist? Dann merke ich, dass die Gewissheit nicht aus einer Definition kommt. Und so empfinde ich, wie an der Schwelle zum Kreisdenken ein selbsttragendes aber doch getragenes Denken stattfindet, das noch nicht inhaltlich ist, das irgendwo in eine Begriffswelt hinein geht die unendlich lebendig ist, wo ich sofort merke, ich könnte auch was anderes denken, und ich könnte den Kreis anders denken, also ich bin in der Potenzialität des Prinzip ‚Kreis' drin, aber noch nicht im Kreis. Und diese Potenzialität ist dann so unendlich lebendig, in einer Welt, wo ich dann aber auch nicht mehr sagen kann, ich denke das, sondern ich nehme teil an dem …

Ich meine, das ist es, was Rudolf Steiner hier in der Einführung zu der Mystik versucht darzustellen, dass die Mystik ein Gewahrwerden von diesem Zustand ist. Und je mehr man sich zurückziehen kann aus der Ausführung des Denkens und in dem ‚Vorzimmer' verbleiben kann, desto mehr kommt die Möglichkeit, dass auch als Wirklichkeit empfunden werden kann, dass ich die Form bin, wo ich von Gott angeschaut werde und wo er sich selbst anschaut. Wenn ich einmal über die Schwelle in das gewöhnliche Denken gekommen bin, habe ich diese Erfahrung, nicht mehr, aber wohl da, wo das ganze Denken *eigentlich* wohnt.

VIERTE STUNDE

Zürich, 6. April 2019

Johannes Tauler:

‚Soll der Mensch in der Wahrheit mit Gott eins werden, so müssen alle Kräfte auch des inwendigen Menschen sterben und schweigen. Der Wille muß selbst des Guten und alles Willens entbildet und willenlos werden.» «Der Mensch soll entweichen allen Sinnen und einkehren alle seine Kräfte, und kommen in ein Vergessen aller Dinge und seiner selbst.» «Denn das wahrhafte und ewige Wort Gottes wird allein in der Wüste gesprochen, wenn der Mensch von sich selbst und von allen Dingen ausgegangen ist, und ganz ledig, wüst und einsam steht.'

Und dann steht bei der Beschreibung von Nikolaus Cusanus das folgende:

‚Nun kann aber der Punkt kommen, wo dem Menschen durch eine unwiderlegliche innere Erfahrung klar wird, daß er in dem, was er in seinem Inneren wahrnimmt, erlebt, nicht die Äußerung, die Wirkung einer verborgenen Kraft oder Wesenheit, sondern diese Wesenheit selbst in ihrer ureigensten Gestalt hat. Er darf sich dann sagen, alle anderen Dinge finde ich in einer gewissen Weise fertig vor; und ich, der ich außer ihnen stehe, füge zu ihnen hinzu, was der Geist über sie zu sagen hat. Was ich so aber selbst zu den Dingen in mir hinzu schaffe, darin lebe ich selbst, das bin ich; das ist mein eigenes Wesen. Was aber spricht da auf dem Grunde meines Geistes? Es spricht das Wissen, das ich mir über die Dinge der Welt erworben habe. Aber in diesem Wissen spricht nicht mehr irgendeine Wirkung, eine Äußerung; es spricht etwas, was nichts zurückbehält von dem, was es in sich hat. Es spricht in diesem Wissen die Welt in aller ihrer Unmittelbarkeit. Dieses Wissen habe ich aber von den Dingen und von mir selbst, als einem Dinge unter Dingen, erworben. Aus meinem eigenen Wesen spreche ich selbst, und es sprechen die Dinge. Ich spreche also, in Wahrheit, gar nicht mehr bloß mein Wesen aus; ich spreche das Wesen der

Dinge aus. Mein « Ich » ist die Form, das Organ, in dem sich die Dinge über sich selbst aussprechen. Ich habe die Erfahrung gewonnen, daß ich in mir meine eigene Wesenheit erlebe; und diese Erfahrung erweitert sich mir zu der anderen, daß sich in mir und durch mich die All-Wesenheit selbst ausspricht, oder, mit anderen Worten, erkennt. Ich kann mich nun nicht mehr als ein Ding unter Dingen fühlen; ich kann mich nur mehr als eine Form fühlen, in der das All -Wesen sich auslebt. - Es ist daher nur natürlich, daß ein und derselbe Mensch zwei Arten von Erkenntnis hat. Er ist, den sinnlichen Tatsachen nach, ein Ding unter Dingen, und, insofern er ein solches ist, erwirbt er sich ein Wissen von diesen Dingen; er kann aber in jedem Augenblicke die höhere Erfahrung machen, daß er die Form ist, in der sich das All - Wesen anschaut. Dann verwandelt er sich selbst, von einem Ding unter Dingen, zu einer Form des All-Wesens - und mit ihm verwandelt sich das Wissen von den Dingen zum Aussprechen des Wesens der Dinge. Diese Verwandlung kann aber tatsächlich nur durch den Menschen selbst vollzogen werden. Das, was in der höheren Erkenntnis vermittelt wird, ist noch nicht da, solange diese höhere Erkenntnis selbst noch nicht da ist. Erst im Schaffen dieser höheren Erkenntnis wird der Mensch wesenhaft; und erst durch des Menschen höhere Erkenntnis bringen auch die Dinge ihr Wesen zum tatsächlichen Dasein. Wenn also verlangt würde, der Mensch solle durch seine höhere Erkenntnis nichts zu den Sinnendingen hinzufügen, sondern nur aussprechen, was in diesen Dingen draußen schon liegt, so hieße das nichts anderes, als auf alle höhere Erkenntnis verzichten.'

Frage: Das war jetzt ein Text von Cusanus?

In Worten von Steiner.

Aber er hat das selber schon gedacht? Das war aber schon relativ früh, 15., 16. Jahrhundert?

Ja, er lebte 1401 bis 1464. Er steht auf der Höhe der Wissenschaft seiner Zeit, sagt Rudolf Steiner. In dieser mystischen Umwandlung der Erkenntnis findet er schon dasjenige, was heute durch die Naturwissenschaft als Mystik gefunden werden könnte. Aber weil er als

Kardinal in der Dogmatik stehen bleiben musste, konnte er es nicht wirklich so weitgehend ausführen. Verstanden hat er es aber und auch beschrieben. Er nennt es das gelehrte Nicht-Wissen.

Ich meine, dass wir eine solche Bewegung als letzte gemacht haben, dass wir von der bewusst hervorgebrachten Erkenntnis des Kreises zurückgegangen sind zu einem Nicht-Wissen, was aber eigentlich aus Gelehrtheit hervorkommt. Und in diesem Vorwissen liegt unsere ganze vorhandene Erkenntnis, aber in einer ganz anderen Gestalt, als wenn sie *einmal* gedacht wird, dann nimmt sie eine feste Form an. Hier ist sie jedoch noch ganz lebendig und wandelbar und in allen Möglichkeiten anwesend. Wenn wir darin verweilen lernen können, dann wird sich das selbstverständlich immer deutlicher darbieten und nicht so schattenhaft, wie es im Anfang ist.

Ich möchte vorschlagen, diese letzte Übung noch mal zu tun. Werden wir uns den Begriff des Kreises im Vorwissen bewusst. In diesem Feld, wo wir eine gewisse Gelehrtheit haben, die natürlich individuell verschieden ist, - aber wir sind alle doch in gewissem Sinn gelehrt - ruht unsere ganze Erkenntnis, aber sie ist da nicht fest abgeschlossen, sondern wachstumsfähig.

Wenn wir das dann noch mal gemacht haben, dann können wir den nächsten Schritt versuchen zu tun. Das ist, dass wir uns dann versuchen vorzustellen - es ist dann zuerst eine Vorstellung - dass hier in diesem Gebiet des gelehrten Nicht-Wissens ich die Form bin, wo das Göttlich-Geistige mich anschaut, oder sogar, in dem ich die Form bin, in der ich angeschaut werde. Wie die kühnen Mystiker sagen, dass ohne mich, ohne uns, Gott nicht ein Nu da sein kann - denn er hätte dann keinen Geist, so fühlen wir uns die Form, in der Er sich anschaut. Wir werden jetzt natürlich dann nicht mehr so weit gehen, das so absolut zu stellen, aber man kann sich vorstellen, dass diese Kühnheit eine Weile notwendig gewesen ist, damit sich der Mensch bewusst wird, wie sehr er der Ausläufer des Geistes ist. Eine Art von letzter Grenze ist der Mensch, wohin der Geist geht und sich spiegelt, oder sich anschauen kann. Und indem der Geist das tut, schauen wir selbst das auch an. Wenn wir das tun, sehen wir natürlich schnell, dass es so leicht nicht ist, aber die Bewegung kann man doch verstehen und fühlen.

Wir versuchen in dem Vorwissen bewusst zu werden und dann ganz vorsichtig vorzustellen, wie das wahr sein könnte, was gesagt wird: dass ich da nicht mehr ich bin, dass da alle Dinge ich sind und ich alle Dinge bin und dass das Göttlich-Geistige, hier das Allwesen, die Allwesenheit genannt, sich als Form für seine Selbstanschauung den Menschen gewählt hat.

(Außen knallt das Feuerwerk, es ist Reformationsfest in Zürich).

Es wird meditiert.

Frage: Wenn man diese Potenzialität in der Meditation erlebt und dann zurückkommt, wie wir das jetzt gemacht haben, dann lebt die ja irgendwie nachher weiter. Ist es denkbar, dass es dauerhaft so ist, dieses Weiterleben, dass es bleibt? Also, wenn man in der äußeren Welt erlebt, dass man diese Potenzialität dann als Bewusstsein mit sich trägt?

Ja, aber dann in einem anderen Bewusstsein. Man muss natürlich immer wieder in das gewöhnliche Bewusstsein hinein. Im Moment, dass wir die Augen öffnen, und die Ohren öffnen, sind wir wieder in der sinnlichen Welt darin und kommt das gewöhnliche Bewusstsein vom Wahrnehmen und Denken wieder zustande. Aber darunter bleibt natürlich etwas bestehen, was zuvor nicht da war. Es ist nun einmal eine Notwendigkeit, dass wir immer wieder in das gewöhnliche Bewusstsein zurückgehen und uns mit Willen in dieses höhere Bewusstsein hineinbringen.

Man versteht die Gegensätzlichkeiten, die in der Welt sind auch besser, die gegensätzlichen Kräfte, die in verschiedenen Menschen, aber auch in der großen Welt aufeinander wirken. Vielleicht hat man mehr Frieden...

Was auffallend ist, wenn man die Wege, die Rudolf Steiner beschreibt, kennenlernt, ist, dass die Entwicklung des Gefühlslebens immer mehr eine Folge und nicht Ausgangspunkt ist; dass durch dasjenige, was aus der Entwicklung des Denkens und des Wollens - Wille in das Denken hinein, Denken in den Willen hinein - das Gefühl geändert und angeregt wird und immer weniger persönlich gefärbt ist. Man bemerkt natürlich, wenn man solche Übungen tut, so wie wir sie jetzt tun, dass das Gefühl mittut, man tut es nicht gefühllos, aber auch nicht mit einem ursprünglichen Gefühl, wovon man absichtlich ausgeht. Das Gefühl entsteht durch die innere Betätigung.

Frage: Ist es dann ein leibfreies Gefühl, das sich einstellt? Das andere ist ja an den Leib gebunden, das normale Gefühl?

Es ist ein Gefühl, das dadurch entsteht, dass man damit ringt, das Ich nicht mehr gesondert von der Welt zu erleben. Wenn diese Vereinigung eintritt, ja, das gibt schon Gefühl, aber man geht nicht davon aus, das ist etwas wesentlich anderes.

Bemerkung: Man könnte vielleicht noch erwähnen, Herr Georg Kühlewind hat das gesagt, die Zweiheit, die Gefühle und Emotionen und dann als Dritte das fühlende Fühlen, das mehr musikalisch wirkt, vielleicht.

Ja, es ist mehr ein Sinnesorgan, aber dann im Seelischen. In der Theosophie wird als Selbsterziehung gegeben, dass man sich allen Gefühlen und Urteilen enthält, dass man die nicht aufkommen lässt und dass gerade dadurch das Gefühlsleben objektiv stark wird und man mit dem Gefühl dann gerade wahrnehmen kann, was sonst unwahrnehmbar ist.

Die gewöhnlichen Auffassungen über die Mystik liegen gerade in dem Fühlen und bei Rudolf Steiner ist das Erstaunliche, - wenn man ihn kennt, ist das nicht mehr erstaunlich - ist das Besondere, dass, auch wenn er über Mystik schreibt, er sie doch wirklich sehr streng auf die Grundlage der Erkenntnis stellt. Dadurch, dass man in der Erkenntnis zu einer Selbsterkenntnis weiterschreitet, die dann immer mehr sich weitet und dann natürlich auch das Gefühl anfacht, kommt man zu mystischen Erfahrungen.

Ich habe heute Morgen auch versucht darzustellen, wie Rudolf Steiner wissenschaftlich beschrieben hat, was Mystik ist, wenn er schreibt, oder erzählt und vorträgt über *die okkulte Physiologie*, wo er dann eine leibliche Grundlage gibt für den Unterschied zwischen dem geisteswissenschaftlichen Erkenntnisweg und der Mystik, die erst in der Geisteswissenschaft aufgenommen werden kann, wenn zuerst diese Leibfreiheit in der Erkenntnis erlangt wird.

Haben wir nun etwas von der Mystik erfahren können? Denn ich hoffe eine Anregung gegeben zu haben, um diese Einführung in dem Buch ‚*Die Mystik...*', an die *Philosophie der Freiheit* anschließend noch mal, oder vielleicht zum ersten Mal ganz intensiv zu durchleben. Denn es ist wirklich eine Art von Wiederholung und Erweiterung von demjenigen, was in der *Philosophie der Freiheit* steht und dann vor allem im ersten Teil - denn im zweiten Teil kommt es natürlich wirklich auf die Handlung an. Aber die innerliche Entwicklung finden wir im ersten Teil. Was da angedeutet wird, das wird hier weitergeführt.

Das wunderbare ist, in der *Philosophie der Freiheit* kann es eine Erleuchtung geben, dass man plötzlich oder allmählich einsieht, dass man im erkennenden Erleben des Denkens eine ganze Welt aufschließt, die man auch lebenslang ausschließen könnte, man kann leben und sterben ohne diese Welt je gesehen zu haben. Diese Welt schließt man aus, weil man sich nicht umwendet, weil man nicht zu sich selbst sagt, ich will jetzt auch das Denken selbst, das Verstehen selbst anschauen und erkennen. Irgendwann einmal kommt diese Erleuchtung, dass man auch wirklich sieht, ich schließe tatsächlich eine ganze Welt aus, wenn ich nicht dahin schaue und das ist gerade die geistige Welt, die ich ausschließe. Ich lerne allmählich erleben, dass gerade das, was ich ausschließe, meine eigene Tätigkeit ist. Ich weiß voll bewusst, wie die Dinge zustande kommen und gerade dahin schaue ich nicht. Alles Übrige, wovon ich nicht weiß, wie es zustande kommt und wie die Beziehungen sind, schaue ich an und dahinter liegt meine Sehnsucht.

Aber wo die Sehnsucht befriedigt werden könnte, dahin schaue ich nicht.

Das steht also in einem Buch und es kann uns auch erwecken, dass man wirklich versteht: ich schaue fortwährend in eine andere Richtung und schließe die ganze geistige Welt aus. Und wenn ich dann auf das Denken blicke, dann kann ich natürlich in erster Linie nicht unmittelbar anerkennen, dass das der Geist ist, denn so leicht geht es natürlich nicht. Man muss noch viel in sich selbst versuchen wollen, um auch selbst zu spüren, dass das wirklich die geistige Welt ist. In dieser Einführung zu der Mystik geht Rudolf Steiner darauf weiter ein und gibt hier erst wirklich die geistige Bedeutung wieder von demjenigen, was eine Erleuchtung sein kann. Hier kann man es verstehen, dass das so ist. Wie man das Erleben so umformen kann, dass es sich zu einem wirklichen Sinn, einem geistigen Sinn, einem Sinneswerkzeug ausbildet, sodass man dann auch die geistige Welt *als* geistige Welt allmählich zuerst vermuten kann und dann auch immer mehr gewahr werden kann, ja das finden wir hier, in der Einführung im Buch *Die Mystik...*

So sagt er z.B. da:

‚Gemeinsam ist diesen Geistern ein starkes Gefühl dafür, daß in der Selbsterkenntnis des Menschen eine Sonne aufgeht, die noch etwas ganz anderes beleuchtet als die zufällige Einzelpersönlichkeit des Betrachters. Was Spinoza in der Ätherhöhe des reinen Gedankens zum Bewußtsein gekommen ist, daß ‚die menschliche Seele eine zureichende Erkenntnis von dem ewigen und unendlichen Wesen Gottes' hat, das lebte in ihnen als unmittelbare Empfindung; und die Selbsterkenntnis war ihnen der Pfad, zu diesem ewigen und unendlichen Wesen zu dringen. Ihnen war klar, daß die Selbsterkenntnis in ihrer wahren Gestalt den Menschen mit einem neuen Sinn bereichert, der ihm eine Welt erschließt, die sich zu dem, was ohne diesen Sinn erreichbar ist, verhält wie die Welt des körperlich Sehenden zu der des Blinden. Man wird nicht leicht eine bessere Darstellung von der Bedeutung dieses neuen Sinnes erhalten, als sie J. G. Fichte in seinen Berliner Vorlesungen, im Jahre 1813, gegeben hat. ‚Denke man eine Welt von Blindgeborenen, denen darum allein die Dinge und ihre Verhältnisse bekannt sind, die durch den Sinn der Betastung existieren. Tretet unter diese, und redet ihnen von Farben und den andern Verhältnissen, die nur durch das Licht für das Sehen vorhanden sind. Entweder ihr redet ihnen von nichts, und dies ist das Glücklichere, wenn sie es sagen; denn auf diese Weise werdet ihr bald den Fehler merken, und falls ihr ihnen nicht die Augen zu öffnen vermögt, das vergebliche Reden einstellen. - Oder sie wollen aus irgend einem Grunde eurer Lehre doch einen Verstand geben: so können sie dieselbe nur verstehen von dem, was ihnen durch die Betastung bekannt ist: sie werden das Licht und die Farben, und die andern Verhältnisse der Sichtbarkeit fühlen wollen, zu fühlen vermeinen, innerhalb des Gefühles irgend etwas sich erkünsteln und anlügen, was sie Farbe nennen. Dann mißverstehen, verdrehen, mißdeuten sie.' Ein ähnliches darf man von dem sagen, was die in Rede stehenden Geister erstrebten. Einen neuen Sinn sahen sie in der Selbsterkenntnis erschlossen. Und dieser Sinn liefert, nach ihrer Empfindung, Anschauungen, die für denjenigen nicht vorhanden sind, der in der Selbsterkenntnis nicht sieht, was sie von allen anderen Arten des Erkennens unterscheidet. Wem dieser Sinn sich nicht geöffnet hat, der glaubt, Selbsterkenntnis komme ähnlich zustande wie Erkenntnis durch äußere Sinne, oder durch irgend welche andere von außen her wirkende Mittel. Er meint: «Erkenntnis sei Erkenntnis.» Das eine Mal nur sei ihr Gegenstand etwas, was draußen in der Welt liegt, das andere Mal sei dieser Gegenstand die eigene Seele. Er hört nur Worte, im besten Falle abstrakte Gedanken bei dem, was für tiefer Blickende die Grundlage ihres Innenlebens ist; nämlich bei dem Satze, daß wir bei aller anderen Art von Erkenntnis den Gegenstand außer uns haben, bei der Selbsterkenntnis innerhalb dieses Gegenstandes stehen, daß wir jeden anderen Gegenstand als fertigen, abgeschlossenen an uns herantreten sehen, in unserem Selbst jedoch als Tätige, Schaffende das selbst weben, was wir in uns beobachten. Dies kann als eine bloße Worterklärung, vielleicht als Trivialität erscheinen; es kann aber auch, recht verstanden, als höheres Licht erscheinen, das jede andere Erkenntnis neu beleuchtet. Wem es in der ersten Weise erscheint, der ist in einer Lage wie ein Blinder, dem man sagt: dort ist ein glänzender Gegenstand. Er hört die Worte, der Glanz ist für ihn nicht da. Man kann die Summe des Wissens einer Zeit in sich vereinigen; empfindet man nicht die Tragweite der Selbsterkenntnis, dann ist alles Wissen im höheren Sinne ein blindes. Die von uns unabhängige Welt lebt für uns dadurch, daß sie sich unserem Geiste mitteilt. Was uns da mitgeteilt wird, muß in der uns eigentümlichen Sprache gefaßt sein. Ein Buch, dessen Inhalt in einer uns fremden Sprache dargeboten würde, wäre für uns bedeutungslos. Ebenso wäre die Welt für uns bedeutungslos, wenn sie nicht in unserer Sprache zu uns spräche. Dieselbe Sprache, die von den Dingen zu uns dringt, vernehmen wir aus uns selbst. Dann sind wir es aber auch, die sprechen. Es handelt sich bloß darum, daß wir die Verwandlung richtig belauschen, die eintritt, wenn wir unsere Wahrnehmung den äußeren Dingen verschließen und nur auf das hören, was dann noch aus uns selbst tönt. Dazu gehört eben der neue Sinn."[9]

Und so geht das weiter. Es wird deutlich, das will ich dann noch mal unterstreichen, dass es wirklich darum geht, dass es die Erkenntnis ist, die wir nach außen erlangen, die wir mit dem Licht der Selbsterkenntnis nach innen beleuchten, mit dem neuen Sinn. Es ist nicht Selbsterkenntnis, wie wir sie erlangen könnten, wenn wir zum Psychologen gehen, der uns sagt, du bist so und so und so und du müsstest besser so und so sein, oder wenn wir das selbst in uns gewahr werden, wenn wir nach innen schauen und sagen, ich bin so und so und ich möchte eigentlich lieber so und so und so sein. Es bekommt erst einen Wert, wenn man das tun kann mit dem erweckten neuen Sinn. Und dieser schaut *Erkenntnis*. Also ich hoffe, dass ich in diesem Sinn etwas beigetragen habe zu der Einsicht, dass dasjenige was in der *Philosophie der Freiheit* als Bewusstwerdung des Denkens und Verstehens gegeben worden ist, in dem Ausnahmezustand schon eine Erhöhung findet und dass diese Einführung zur Mystik bei dieser Erhöhung *anfängt*. Zuerst kommt die Bewusstwerdung des Denkens und des Verstehens, dass man wirklich weiß, ich bin der Hervorbringer meiner Gedanken und ich kenne die Verhältnisse und Beziehungen in dem Prozess des Verstehens. Wie ich das nicht nur nachsagen kann, sondern auch innerlich erleben kann, das haben wir mit einer Übung versucht zu erleben. Mit diesem innerlichen Dabei-Sein bei dem Denkprozess

---

[9] S. 17 ff.

kann ich eine weitere Vertiefung zu dem mystischen Sinn finden. Und das ist gleichartig mit dem, was Rudolf Steiner an anderen Stellen im Text beschrieben hat, oder mit Worten ausgesprochen hat, wenn er einerseits über das Bringen vom Willen in das Denken spricht und andererseits über das zur Ruhe bringen des Wollens durch das Denken. Was in uns die Neigung hat passiv Gewebe zu spinnen, die Gedankengewebe, das muss mit Willen durchfeuert werden, so, dass ich wirklich dabei bin, wenn die Gedanken sich in mir gestalten wollen. Was die Neigung hat passiv zu sein, wird aktiviert. Was in uns aktiv ist, ist der Wille, der muss die Beruhigung des Denkens empfangen, sodass dasjenige, was Ruhe des Denkens ist, die Willensaktivität zur Ruhe bringt.

Wenn man das Denken aktiviert hat, kann man ohne Gefahr den Willen zur Ruhe bringen, so weit, bis man diesen mystischen Zustand erreicht, wo der Wille nichts mehr will. Das wird im Mysteriendrama von Felix Balde ausgesprochen, wenn er in so einem wunderbaren Satz ausspricht, wie der Mystiker sich zu verhalten hat: ‚*Erstreben nichts, nur friedsam ruhig sein, das ist die wahre Mystenstimmung.'* Aber das muss man eigentlich erst anstreben wollen, wenn man das Denken aktiviert hat, damit man nicht durch die Ruhe des Wollens ganz mit dem Leib verwächst.

Ich habe alles so ungefähr ausgesprochen, was ich in mir mitgenommen hatte. Es ist natürlich immer wieder so, dass ich dasjenige, was als Thema vorhanden ist, umsetze in Einsicht in den Einweihungsweg und dann versuche, dass wir das miteinander auch durch gewisse Übungen deutlicher machen können. Wir müssen wirklich intensiv mit uns selbst und untereinander die Aktivität entfalten und das ist etwas Ungewöhnliches, das weiß ich natürlich und das sehe ich auch. Aber ich bin der Meinung, dass es absolut notwendig ist, dass in der menschlichen Welt ein Bewusstsein da ist und immer stärker wird, dass eine solche Aktivität eine Lebensnotwendigkeit ist und auch ein Wissen wie man es tut. Dass wir die Aktivierung des Denkens kennenlernen und dadurch immer mehr und mehr Verständnis bekommen für uns selbst als denkende Wesenheit und dann eine Umsetzung in die Tat, sowohl in die Einweihungstat, als auch in äußerlichen Taten erreichen. Also, es ist eigentlich eine Art von Entschuldigung, dass es immer so tief geht, aber ich kann nicht anders.

ANHANG

Zitat aus GA 175, S. 82 f.:

‚Sehen Sie, auf diesem beruht ein bedeutungsvoller Unterschied, der in der zweiten Hälfte des Mittelalters und gegen die neuere Zeit, gegen unsere fünfte, auf die griechisch-lateinische folgende Weltenperiode eintrat. In der Kreuzzugszeit, der Zeit des 12., 13., 14., 15., ja 16. Jahrhunderts gab es insbesondere Frauennaturen, welche ihr Gemüt in eine solche Mystik brachten, daß sie dieses innere Erlebnis, das ihnen die Mystik brachte, wie eine Hochzeit empfanden mit dem Geistigen, sei es mit dem Christus, oder sonst etwas. Mystische Hochzeiten feierten zahlreiche asketische Nonnen und so weiter. Ich will mich heute nicht über das Wesen dieser innerlichen mystischen Vereinigungen ergehen; aber es war eben ein innerhalb des Gemüts Verlaufendes, das dann nur mit Worten ausgesprochen werden konnte, das gewissermaßen innerhalb der Vorstellungen, der Empfindungen und noch des Wortes, in das die Empfindungen gekleidet werden können, verlief. Dem setzte dann aus gewissen Vorstellungen und geisteswissenschaftlichen Zusammenhängen heraus Valentin Andreae seine «Chymische Hochzeit des Christian Rosenkreutz» entgegen. Diese chymische Hochzeit, wir würden heute sagen chemische Hochzeit, sie ist auch ein menschliches Erlebnis. Aber wenn Sie sie durchlesen, diese Chymische Hochzeit des Christian Rosenkreutz, so werden Sie sehen, daß es sich da nicht bloß um ein Gemütserlebnis handelt, sondern um etwas, was den ganzen Menschen ergreift, nicht bloß sich in Worten ausspricht; was nicht bloß hereingestellt ist wie ein Gemütserlebnis in die Welt, sondern wie ein realer Vorgang, ein Naturvorgang, wo der Mensch mit sich etwas macht, das wie ein Naturvorgang wird. Also etwas, was mehr von Wirklichkeit durchtränkt ist, meint Valentin Andreae mit seiner «Chymischen Hochzeit des Christian Rosenkreutz», als eine bloß mystische Hochzeit etwa der Mechthild von Magdeburg, die eine Mystikerin war. Durch die mystische Hochzeit der Nonnen wurde nur etwas getan für die Subjektivität des Menschen; durch die chymische Hochzeit gab sich der Mensch der Welt hin, durch ihn sollte etwas für die ganze Welt geleistet werden, so wie durch die Naturvorgänge etwas für die ganze Welt geleistet wird. Dies ist nun wiederum im eminent christlichen Sinne gedacht. Begriffe wollten die Menschen, die realer dachten - sei es nun selbst in dem einseitigen Sinne der alten Alchimisten -, Begriffe wollten sie, durch die sie die Wirklichkeit in richtiger Art meistern könnten, durch die sie in die Wirklichkeit richtiger eingreifen könnten, solche Begriffe, die nun wirklich etwas mit der Wirklichkeit zu tun haben.'